SE 07

Curso
MAD360

La diferencia entre aprobar y sacar plaza

AF173907

Técnico/a en Cuidados Auxiliares de Enfermería

Servicio Gallego de Salud (SERGAS)

Si aún no dispones de tu **Curso MAD360**, te ofrecemos un acceso GRATIS de 30 días para que disfrutes de los siguientes recursos:

- Técnicas de Memoria 360.
- MADTEST: Test *online* Nivel PRO.
- Temario en formato digital.
- Vídeos.
- Esquemas.
- Planificación de estudio.
- Foro entre opositores hasta la fecha del examen.*
- Recursos y novedades exclusivas.
- Consúltanos sobre tu oposición y proceso selectivo.
- Actualizaciones legislativas (Boletines Oficiales) hasta 60 días antes de la fecha del examen.*

Para acceder a esta prueba del Curso MAD360** será necesaria la compra de todos los libros para esta especialidad de la edición 2025.

Regístrate en **mad.es/iniciar-sesion** y en la pestaña MIS CURSOS valida los códigos que encuentras en la última página de tus libros.

NOTA IMPORTANTE:

* Examen de esta categoría profesional correspondiente a la convocatoria publicada en el DOG n.º 170, de 4 de septiembre de 2025, o hasta el 31 de octubre de 2026, lo que se cumpla antes, y previa renovación del servicio.

** El acceso al CURSO MAD360 estará disponible desde octubre de 2025 (algunos recursos podrían estar disponibles en fecha posterior). Tendrá una duración de 30 días RENOVABLES mediante pago, desde la validación de códigos, o hasta el 30 de abril de 2027, lo que se cumpla antes.

MAD se reserva el derecho a ampliar dichas fechas.

Técnico/a en Cuidados Auxiliares de Enfermería del Servicio Gallego de Salud (SERGAS)

Octubre 2025

Técnico/a en Cuidados Auxiliares de Enfermería del Servicio Gallego de Salud (SERGAS)

Test del Temario y Supuesto Práctico

Autores

JOSEFA GUILLERMA GANCEDO CONS
Licenciada en Derecho
Jefa de Servicio de Gestión y Planificación
en la Xunta de Galicia

ÁLVARO GARDÓN FERNÁNDEZ
Técnico Especialista. Celador

MIGUEL ÁNGEL ESTÉVEZ FERNÁNDEZ
Jefe de Personal Subalterno del Hospital do
Meixoeiro, de Vigo

JOSÉ LUIS GARRIDO VELA
Licenciado en Derecho

FRANCISCO JESÚS TORRES FONSECA
Licenciado en Derecho

LUIS SILVA GARCÍA
Diplomado Universitario en Enfermería
Recuperación de urgencias

M.ª JOSÉ GARCÍA BERMEJO
Licenciada en Biología
Técnico Especialista en Laboratorio

JUAN MANUEL GIL RAMOS
Licenciado en Medicina

HERMINIA ANDRADES ROMERO
Diplomada en Fisioterapia

MIGUEL ÁNGEL NAVAS DUEÑAS
Ingeniero Superior en Telecomunicaciones
Profesor de Informática de Ciclos Formativos
de Grado Medio y Bachillerato

© 7 Editores Recursos para la Cualificación Profesional y el Empleo, S.L. (7 Editores)
© Los autores
Primera edición, octubre 2025 (232 páginas)
Derechos de edición reservados a favor de 7 Editores
IMPRESO EN ESPAÑA
Diseño Portada: 7 Editores
Edita: 7 Editores
Avda. San Francisco Javier, 9 · Edificio Sevilla 2 · Planta 11 · Módulos 25-27 · 41018 Sevilla
Teléfono: 954 784 411 · WEB: www.mad.es · e-mail: administracion@7editores.com
ISBN: 979-13-702-8088-8
© "Editorial Mad" y "Eduforma" son nombres comerciales registrados de
7 Editores Recursos para la Cualificación Profesional y el Empleo, S.L.

Índice

PARTE COMÚN

PARTE ESPECÍFICA

TEST

PARTE COMUN

TEST N.º 1

**La Constitución Española: principios fundamentales,
derechos y deberes fundamentales de los españoles.
La protección de la salud en la Constitución**

1. Si un poder público, en su actuación, infringe lo dispuesto en el Preámbulo de la Constitución:

a) Incurre en nulidad.
b) Incurre en inconstitucionalidad.
c) No pasa nada, salvo que, como consecuencia de esa actuación, se infrinja un artículo de la propia Constitución.
d) Nada de lo anterior es cierto.

2. El principio en virtud del cual el ciudadano está amparado por una legislación no sujeta a continuos vaivenes es el de:

a) Legalidad.
b) Publicidad normativa.
c) Seguridad jurídica.
d) Jerarquía normativa.

3. El principio en virtud del cual un Reglamento no puede contradecir una Ley es el de:

a) Legalidad.
b) Jerarquía normativa.
c) Las respuestas a) y b) son correctas.
d) Seguridad jurídica.

4. Según la Constitución, una norma que imponga una nueva pena más leve para un delito:

a) No se aplica retroactivamente.
b) Puede aplicarse retroactivamente.

c) Ha de ser reglamentaria.
d) Atenta contra el principio de legalidad penal si se aplica retroactivamente.

5. Todos los españoles, respecto al castellano, tienen el:

a) Derecho-deber de conocerlo.
b) Derecho de usar y deber de conocerlo.
c) Derecho-deber de usarlo.
d) Nada de lo anterior.

6. La capital del Estado en España es:

a) La propia de cada Comunidad Autónoma.
b) Madrid.
c) Aquella donde se establezca en cada momento el Gobierno de la Nación.
d) Aquella en la que resida generalmente el Rey.

7. El pluralismo político, para nuestra Constitución, es un/una:

a) Principio General del ordenamiento político.
b) Valor superior del citado ordenamiento.
c) Principio rector de la política social y económica.
d) Derecho fundamental.

8. La forma política del Estado español es:

a) Unitaria y regionalizada.
b) Federal.
c) La Monarquía Parlamentaria.
d) La propia de un Estado Social y Democrático.

9. La justicia, según nuestra Constitución, es un/una:

a) Principio de nuestro ordenamiento jurídico.
b) Valor superior del anterior.
c) Manifestación del Estado democrático.
d) Todo lo anterior.

10. Un español de origen puede quedarse sin esta nacionalidad:

a) Por sanción administrativa.
b) Cuando libremente renuncie a la misma.
c) Por condena penal.
d) En ningún caso.

11. Constituye el fundamento del orden público y de la paz social, según la Constitución, el/la/los:

a) Derechos inviolables inherentes a la persona.
b) Estado social y democrático de Derecho.
c) Seguridad jurídica.
d) Justicia.

12. Las Comunidades Autónomas deben usar o instalar la bandera española:

a) En sus edificios.
b) En los actos oficiales.
c) Cuando lo solicite el Delegado del Gobierno de la Nación en las mismas.
d) Cuando lo estimen oportuno.

13. Deben tener una estructura interna y un funcionamiento democrático los/las:

a) Partidos Políticos.
b) Colegios Profesionales.
c) Organizaciones Profesionales.
d) Todos ellos.

14. La defensa de la integridad territorial de España se atribuye por la Constitución a/al/a las:

a) Fuerzas y Cuerpos de Seguridad.
b) Fuerzas Armadas.
c) Gobierno de la Nación.
d) Todas las anteriores.

15. El derecho de asilo en España está previsto para:

a) No repatriar a ciudadanos que hayan cometido un delito en un país extranjero.
b) No repatriar a españoles en el caso anterior.
c) Acoger en España a extranjeros perseguidos por motivos políticos en su país de origen.
d) Acoger en España a españoles emigrados al extranjero cuando pierdan el trabajo fuera de España.

16. Según la Constitución, el Estado es:

a) Apolítico.
b) Aconfesional.
c) De bienestar social.
d) Federal.

17. El derecho a la vida se consagra en el siguiente artículo de la Constitución:

a) 10.
b) 16.
c) 15.
d) 24.

18. La pena de muerte en España:

a) Ha quedado abolida.
b) Puede aplicarse en cualquier momento.
c) Solo se aplicará, en tiempo de guerra, a los militares.
d) Rige solo en el ámbito civil.

19. La inmediata puesta a disposición judicial derivada del *habeas corpus*, se produce por:

a) Detención ilegal.
b) Prisión ilegal.
c) Prisión preventiva.
d) Detención preventiva.

20. El proceso en el que se enjuicie a un presunto delincuente debe:

a) Ser sumario.
b) No dilatarse.
c) Entorpecer los instrumentos probatorios.
d) Nada de lo anterior es cierto.

En MADTEST tienes **más preguntas de este tema**, y todos tus avances quedan registrados y se reflejan en el ranking.

¡Supera tus límites con MADTEST!

Solución al test n.º 1

1. c) No pasa nada, salvo que, como consecuencia de esa actuación, se infrinja un artículo de la propia Constitución.

2. c) Seguridad jurídica.

3. c) Las respuestas a) y b) son correctas.

4. b) Puede aplicarse retroactivamente.

5. b) Derecho de usar y deber de conocerlo.

6. b) Madrid.

7. b) Valor superior del citado ordenamiento.

8. c) La Monarquía Parlamentaria.

9. b) Valor superior del anterior.

10. b) Cuando libremente renuncie a la misma.

11. a) Derechos inviolables inherentes a la persona.

12. b) En los actos oficiales.

13. d) Todos ellos.

14. b) Fuerzas Armadas.

15. c) Acoger en España a extranjeros perseguidos por motivos políticos en su país de origen.

16. b) Aconfesional.

17. c) 15.

18. a) Ha quedado abolida.

19. a) Detención ilegal.

20. b) No dilatarse.

TEST N.º 2

**Estatuto de Autonomía de Galicia: estructura y contenido.
El Parlamento. La Xunta y su Presidente.
La Administración Pública Gallega**

1. La Comunidad Autónoma gallega contará, para el desempeño de sus competencias, con:

a) Hacienda propia.
b) Patrimonio propio.
c) Economía propia.
d) Son correctas las respuestas a) y b).

2. El patrimonio de la Comunidad Autónoma estará integrado por:

a) El patrimonio de la Comunidad en el momento de aprobarse el Estatuto.
b) Los bienes afectos a servicios traspasados a la Comunidad Autónoma.
c) Los bienes adquiridos por la Comunidad Autónoma por cualquier título jurídico válido.
d) Todas son correctas.

3. Los poderes de la Comunidad Autónoma de Galicia emanan:

a) Del Estatuto de Autonomía, el pueblo y la Corona.
b) Del pueblo y la Constitución.
c) De la Constitución, del Estatuto de Autonomía de Galicia y del pueblo.
d) De la Constitución y del pueblo gallego.

4. La aprobación de los presupuestos de la Comunidad Autónoma de Galicia corresponde:

a) Al Presidente de la Xunta de Galicia.
b) A la Xunta de Galicia.
c) Al Congreso de los Diputados.
d) Al Parlamento de Galicia.

5. El Presidente del Tribunal Superior de Justicia de Galicia es nombrado:

a) Por el Presidente de la Junta, previo acuerdo del Parlamento de Galicia.
b) Por el Presidente del Gobierno, la propuesta de las Cortes Generales.
c) Por el Presidente del Gobierno, la propuesta del Consejo General del Poder Judicial.
d) Por el Rey, la propuesta del Consejo General del Poder Judicial.

6. El artículo 12.3 del Estatuto de Autonomía de Galicia dice que el Parlamento funcionara:

a) En Plenos y en Diputación Permanente.
b) En Plenos y en Comisiones, y se reunirá en sesiones ordinarias y extraordinarias.
c) En Plenos y en Mesas, y se reunirá en sesiones ordinarias.
d) En Pleno y en Diputación Permanente, y se reunirá en sesiones ordinarias y extraordinarias.

7. Como dice el artículo 15.3 del Estatuto de Autonomía de Galicia, el que propone al candidato a Presidente de la Xunta de Galicia es:

a) La Diputación Permanente.
b) El Parlamento Gallego en Pleno.
c) El Presidente del Parlamento.
d) El Rey.

8. Según el artículo 7.1 del Estatuto de Autonomía de Galicia, las comunidades gallegas asentadas fuera de Galicia podrán solicitar el reconocimiento de su galleguidad sin que en ningún caso implique la concesión de:

a) Derechos políticos.
b) Derechos culturales.
c) Subvenciones de la Xunta de Galicia.
d) Estatuto de Autonomía.

9. La iniciativa de la reforma del Estatuto corresponderá a:

a) La Junta.
b) Al Parlamento gallego, a propuesta de una quinta parte de sus miembros.
c) A las Cortes Generales.
d) Todas son ciertas.

10. La propuesta de reforma del Estatuto, requerirá:

a) La aprobación del Parlamento gallego por mayoría de dos tercios.
b) La aprobación de las Cortes Generales mediante Ley Orgánica.
c) El referéndum positivo de los electores.
d) Todas son ciertas.

11. Si la propuesta de reforma del Estatuto no es aprobada por el Parlamento gallego o por las Cortes Generales o no es confirmada mediante referéndum por el cuerpo electoral, ¿puede ser sometida nuevamente a debate y votación del Parlamento?

a) No.

b) No, hasta que haya transcurrido un año.

c) Sí.

d) Ninguna es cierta.

12. Corresponde a la Junta de Galicia:

a) Aprobar los reglamentos generales de sus propios tributos.

b) Elaborar las normas reglamentarias precisas para gestionar los impuestos estatales cedidos de acuerdo con los términos de dicha cesión.

c) Son correctas las respuestas a) y b).

d) Ninguna es correcta.

13. Corresponde a la Junta:

a) La elaboración y aplicación del presupuesto de la Comunidad Autónoma gallega.

b) Al Parlamento su examen, enmienda, aprobación y control.

c) Son correctas a) y b).

d) Ninguna es correcta.

14. Los poderes de la Comunidad Autónoma se ejercen a través de:

a) El Parlamento.

b) La Junta.

c) Su Presidente.

d) Todas son ciertas.

15. Son funciones del Parlamento de Galicia:

a) Ejercer la potestad legislativa de la Comunidad Autónoma.

b) Controlar la acción ejecutiva de la Junta, aprobar los presupuestos y ejercer las otras competencias que le sean atribuidas por la Constitución, por el Estatuto, por las leyes del Estado y las del Parlamento de Galicia.

c) Elegir de entre sus miembros al Presidente de la Junta de Galicia.

d) Todas son ciertas.

16. El Parlamento puede delegar la potestad legislativa en la Junta en los términos que establecen:

a) Los artículos 82, 83 y 84 de la Constitución para el supuesto de la delegación legislativa de las Cortes Generales al Gobierno, todo ello en el marco del Estatuto de Autonomía.

b) Los artículos 81, 82 y 83 de la Constitución para el supuesto de la delegación legislativa de las Cortes Generales al Gobierno, todo ello en el marco del Estatuto de Autonomía.

c) Los artículos 80, 81 y 82 de la Constitución para el supuesto de la delegación legislativa de las Cortes Generales al Gobierno, todo ello en el marco del Estatuto de Autonomía.

d) Los artículos 83, 84 y 85 de la Constitución para el supuesto de la delegación legislativa de las Cortes Generales al Gobierno, todo ello en el marco del Estatuto de Autonomía.

17. Indica qué norma establece la estructura orgánica de la Xunta de Galicia:

a) Decreto 227/2019, de 2 de enero.
b) Decreto 233/2018, de 5 de diciembre.
c) Decreto 234/2017, de 5 de noviembre.
d) Decreto 42/2024, de 14 de abril.

18. Designar para cada legislatura de las Cortes Generales a los senadores representantes de la Comunidad Autónoma Gallega, de acuerdo con lo previsto en el artículo 69.5 de la Constitución, le corresponde a:

a) Xunta de Galicia.
b) El Parlamento de Galicia.
c) Los partidos políticos.
d) Ninguna es cierta.

19. La designación de los senadores representantes de la Comunidad Autónoma Gallega para cada legislatura de las Cortes Generales, se hará de forma:

a) Progresiva a la representación de las distintas fuerzas políticas existentes en el Parlamento de Galicia.

b) Aritmética a la representación de las distintas fuerzas políticas existentes en el Parlamento de Galicia.

c) Proporcional a la representación de las distintas fuerzas políticas existentes en el Parlamento de Galicia.

d) Mayoritaria a la representación de las distintas fuerzas políticas existentes en el Parlamento de Galicia.

20. Exigir, en su caso, responsabilidad política a la Junta y a su Presidente, le corresponde:

a) Al Parlamento de Galicia.
b) Al Consejo de Cuentas.
c) Al Tribunal Económico-Administrativo.
d) Ninguna es cierta.

Solución al test n.º 2

1. d) Son correctas las respuestas a) y b).

2. d) Todas son correctas.

3. c) La Constitución, el Estatuto de Autonomía de Galicia y el pueblo.

4. d) Al Parlamento de Galicia.

5. d) Por el Rey, la propuesta del Consejo General del Poder Judicial.

6. b) En Plenos y en Comisiones, y se reunirá en sesiones ordinarias y extraordinarias.

7. c) El Presidente del Parlamento.

8. a) Derechos políticos.

9. d) Todas son ciertas.

10. d) Todas son ciertas.

11. b) No, hasta que haya transcurrido un año.

12. c) Son correctas las respuestas a) y b).

13. c) Son correctas a) y b).

14. d) Todas son ciertas.

15. d) Todas son ciertas.

16. a) Los artículos 82, 83 y 84 de la Constitución para el supuesto de la delegación legislativa de las Cortes Generales al Gobierno, todo ello en el marco del Estatuto de Autonomía.

17. d) Decreto 42/2024, de 14 de abril.

18. b) El Parlamento de Galicia.

19. c) Proporcional a la representación de las distintas fuerzas políticas existentes en el Parlamento de Galicia.

20. a) Al Parlamento de Galicia.

TEST N.º 3

**La Ley General de Sanidad: fundamentos y características.
Competencias de las Administraciones Públicas en relación con la salud.
Derechos y deberes de los usuarios del sistema sanitario público**

1. El derecho de todos los ciudadanos a la protección de la salud viene reconocido en el ámbito constitucional en:

a) Los artículos 43 y 44.
b) Los artículos 49 y 50.
c) El artículo 43 solamente.
d) Los artículos 43 y 49.

2. La Ley General de Sanidad establece que son titulares del derecho a la protección de la salud y a la atención sanitaria:

a) Todos los españoles y los extranjeros con residencia en el territorio nacional.
b) Todos los españoles y los mayores de 18 años.
c) Todos los españoles y cualquier extranjero.
d) Solamente los españoles.

3. La financiación de las necesidades sanitarias se efectuará a través de:

a) Las consignaciones en las partidas presupuestarias del Estado exclusivamente.
b) Las consignaciones en las partidas presupuestarias del Estado, Comunidades Autónomas, y Corporaciones Locales.
c) Las consignaciones en las partidas presupuestarias del Estado y Seguridad Social.
d) Las consignaciones en las partidas presupuestarias del Estado, Comunidades Autónomas, Corporaciones Locales y Seguridad Social.

4. La Ley General de Sanidad se aprobó en el siguiente año:

a) 1986.
b) 1987.

c) 1985.
d) 1984.

5. La Ley General de Sanidad efectúa la siguiente proclamación:

a) El personal podrá ser cambiado de puesto por necesidades imperativas de la organización sanitaria, dentro del Área de Salud.

b) El personal podrá ser trasladado a cualquier Centro sanitario de la Comunidad Autónoma correspondiente.

c) El personal de la Comunidad Autónoma correspondiente a cualquier Centro sanitario del Distrito de Atención Primaria.

d) El personal podrá ser cambiado de puesto por necesidades derivadas de la organización sanitaria dentro de cada provincia.

6. El reconocimiento del derecho al ejercicio libre de las profesiones sanitarias se establece en el siguiente artículo de la Constitución:

a) Artículo 35.
b) Artículo 36.
c) Artículos 35 y 36.
d) Artículos 34 y 35.

7. La Ley General de Sanidad consta del siguiente número de artículos:

a) 112.
b) 113.
c) 115.
d) 116.

8. La estructura del Sistema Sanitario Público, se regula en el siguiente título de la Ley General de Sanidad:

a) Título II.
b) Título VI.
c) Título IV.
d) Título III.

9. ¿Cuántas Disposiciones Transitorias tiene la Ley General de Sanidad?

a) 1.
b) 3.
c) 5.
d) 4.

10. ¿Cuál es el propósito básico, el objeto de la Ley 14/1986, de 25 de abril, General de Sanidad?

a) La regulación general de todas las acciones que permitan hacer efectivo el derecho a la protección de la salud.

b) El desarrollo de una acción global de prevención que implique a la colectividad, considerada como conjunto.

c) La puesta al día de las técnicas de intervención pública en los problemas de salud de la colectividad.

d) La cobertura de los riesgos sanitarios a través de una cuota vinculada al trabajo.

11. ¿Cuál de los siguientes términos no se corresponde con ninguno de los principios, que enumera la Ley General de Sanidad, a los que adecuarán su organización y funcionamiento los servicios sanitarios?

a) Economía.

b) Flexibilidad.

c) Celeridad.

d) Coordinación.

12. Conforme al Real Decreto 1418/1986, de 13 junio, no corresponde al Ministerio de Sanidad y Consumo (actualmente Ministerio de Sanidad), en materia de sanidad exterior:

a) Las relaciones con los organismos sanitarios y de consumo internacionales por mediación del Ministerio de Economía.

b) Adoptar las medidas necesarias para aplicar dentro del Estado los acuerdos sanitarios y de consumo internacionales en los que España sea parte.

c) Control y vigilancia higiénico-sanitaria de puertos y aeropuertos de tráfico internacional, así como de los puestos y de las terminales aduaneras TIR y TIF.

d) Control y vigilancia higiénico-sanitaria en el tráfico internacional de personas, cadáveres y restos humanos.

13. La competencia en la autorización de los medicamentos y de los productos sanitarios corresponde:

a) Al Ministerio de Sanidad.

b) A la Agencia Española de Medicamentos y Productos Sanitarios.

c) A la Dirección General de Medicamentos y Productos Sanitarios.

d) Al Gobierno, mediante Real Decreto.

14. Las Comunidades Autónomas ejercerán, en materia de sanidad, las competencias:

a) Asumidas en sus Estatutos, exclusivamente.

b) Asumidas en sus Estatutos y las decisiones y actuaciones públicas previstas en la LGS que se hayan reservado expresamente al Estado.

c) Asumidas en sus Estatutos.

d) Las mencionadas en c) y las transferidas, o en su caso, delegadas, por el Estado, así como las decisiones y actuaciones públicas previstas en la LGS que no se hayan reservado expresamente al Estado.

15. Las Corporaciones Locales participan en los órganos de dirección de:

a) Las zonas básicas de salud.

b) Los centros de atención especializada.

c) Las áreas de salud.

d) Los centros de atención comarcal.

16. Las principales características del modelo establecido por la LGS son:

a) Universalización de la atención, desconcentración, descentralización y atención primaria.

b) Universalización de la atención, coordinación y desconcentración, descentralización y atención primaria.

c) Universalización de la atención, accesibilidad y desconcentración, descentralización y atención primaria.

d) Universalización de la atención, accesibilidad y desconcentración, descentralización y atención primaria y especializada.

17. En relación con las Áreas de Salud, como mínimo deberá existir:

a) Dos áreas por provincia.

b) Un área por provincia.

c) Un área a nivel comarcal.

d) Un área por Comunidad Autónoma.

18. Las áreas de salud serán dirigidas por un órgano propio, donde deberán participar las Corporaciones Locales en ellas situadas con una representación:

a) No inferior al 40%, dentro de las directrices y programas generales sanitarios establecidos por el Ministerio de Sanidad.

b) No superior al 40%, dentro de las directrices y programas generales sanitarios establecidos por el Ministerio de Sanidad.

c) No superior al 40%, dentro de las directrices y programas generales sanitarios establecidos por la Comunidad Autónoma.

d) No inferior al 40%, dentro de las directrices y programas generales sanitarios establecidos por la Comunidad Autónoma.

19. Los órganos colegiados de participación comunitaria para la consulta y el seguimiento de la gestión, en los que participaran las organizaciones empresariales y sindicales, se denominan:

a) Consejos de Salud de Área.

b) Consejos de Dirección de Área.

c) Gerencia de Área.

d) Consejo de Participación del Área.

20. Con relación a los Consejos de Salud de Área no es cierto que:

a) Están constituidos por la representación de los ciudadanos a través de las Corporaciones Locales comprendidas en su demarcación, que supondrá el 50% de sus miembros y las organizaciones sindicales más representativas, en una proporción no inferior al 25%, a través de los profesionales sanitarios titulados.

b) Los Consejos de salud del área podrán crear órganos de participación de carácter general.

c) Entre sus competencias están las de verificar la adecuación de las actuaciones en el área de salud a las normas y directrices de la política sanitaria y económica.

d) Conocer e informar el anteproyecto del Plan de Salud del área y de sus adaptaciones anuales, forma parte de sus competencias.

En MADTEST tienes **más preguntas de este tema**, y todos tus avances quedan registrados y se reflejan en el ranking.

¡Supera tus límites con MADTEST!

Solución al test n.º 3

1. d) Los artículos 43 y 49.

2. a) Todos los españoles y los extranjeros con residencia en el territorio nacional.

3. d) Las consignaciones en las partidas presupuestarias del Estado, Comunidades Autónomas, Corporaciones Locales y Seguridad Social.

4. a) 1986.

5. a) El personal podrá ser cambiado de puesto por necesidades imperativas de la organización sanitaria, dentro del Área de Salud.

6. c) Artículos 35 y 36.

7. d) 116.

8. d) Título III.

9. c) 5.

10. a) La regulación general de todas las acciones que permitan hacer efectivo el derecho a la protección de la salud.

11. d) Coordinación.

12. a) Las relaciones con los organismos sanitarios y de consumo internacionales por mediación del Ministerio de Economía.

13. b) A la Agencia Española de Medicamentos y Productos Sanitarios.

14. d) Las mencionadas en c) y las transferidas, o en su caso, delegadas, por el Estado, así como las decisiones y actuaciones públicas previstas en la LGS que no se hayan reservado expresamente al Estado.

15. c) Las áreas de salud.

16. c) Universalización de la atención, accesibilidad y desconcentración, descentralización y atención primaria.

17. b) Un área por provincia.

18. d) No inferior al 40%, dentro de las directrices y programas generales sanitarios establecidos por la Comunidad Autónoma.

19. a) Consejos de Salud de Área.

20. b) Los Consejos de salud del área podrán crear órganos de participación de carácter general.

TEST N.º 4

La Ley de Salud de Galicia: el sistema público de salud de Galicia. Competencias sanitarias de las Administraciones Públicas de Galicia. El Servicio Gallego de Salud. Su estructura organizativa: disposiciones que la regulan

1. Según la Ley 8/2008, de 10 de julio, de Salud de Galicia, el órgano de la administración pública que tiene asignadas las competencias o funciones de ordenación, regulación, inspección, control o sanción en el ámbito sanitario o de la salud, se denomina:

a) Autoridad Sanitaria.
b) Servicio Sanitario.
c) Consejo de Dirección del SERGAS.
d) Ninguna es correcta.

2. ¿En virtud de qué Ley, hoy derogada, se creó el Servicio Gallego de Salud?

a) La Ley 14/1986, de 25 de abril.
b) La Ley 1/1989, de 2 de enero.
c) La Ley 3/2008, de 10 de junio.
d) La Ley 8/2008, de 10 de julio.

3. Según la Ley 8/2008, el nivel de atención Sanitaria que constituye el primer nivel de acceso ordinario de la población al Sistema Público de Salud de Galicia se denomina:

a) Atención Hospitalaria.
b) Atención Sociosanitaria.
c) Atención Primaria.
d) Atención a Urgencias y Emergencias.

4. ¿En qué Título de la Ley de Salud de Galicia se estudia el objeto y alcance de la Ley y la definición de los principales términos y conceptos que se utilizan a lo largo de ella?

a) Título primero.
b) Título tercero.

c) Título preliminar.
d) Título segundo.

5. Según recoge la Ley de Salud de Galicia, ¿a quién corresponde la aprobación de la Estrategia Gallega de Salud?

a) Al Consello de la Xunta.
b) A la Consejería competente en materia de Sanidad.
c) Al Consejo Gallego de Salud.
d) Al Parlamento de Galicia.

6. ¿En qué parte de la Ley de Salud de Galicia se estudian los derechos sanitarios de la ciudadanía?

a) Título primero. Capítulo primero.
b) Título segundo. Capítulo segundo.
c) Título primero. Capítulo segundo.
d) Título segundo. Capítulo primero.

7. El nombramiento y cese de los altos cargos de la Administración pública sanitaria de la Xunta de Galicia, corresponde:

a) Al Consejo de la Xunta de Galicia.
b) Al Servicio Gallego de Salud.
c) A la Consejería competente en materia de Sanidad.
d) Al Presidente de SERGAS.

8. Según la Ley de Salud de Galicia, la capacidad de responder a las necesidades presentes sin comprometer la posibilidad de responder a las necesidades futuras se denomina:

a) Sustentabilidad.
b) Proporcionalidad.
c) Recurso pandémico.
d) Cartera de servicios.

9. El Órgano superior, no colegiado, de consulta y asesoramiento de la Conselle-ría competente en materia de Sanidad es:

a) El Foro de Participación Institucional de Sanidad.
b) El Consejo Gallego de Salud.
c) El Consejo de la Xunta de Galicia.
d) El Consejo Asesor del Sistema Público de Salud de Galicia.

10. ¿En qué Título de la Ley de Salud de Galicia se trata el Servicio Gallego de Salud?

a) Título tercero.
b) Título quinto.
c) Título séptimo.
d) Título sexto.

11. Según el Decreto 134/2019, de 10 de octubre, por el que se regulan las áreas sanitarias y los distritos sanitarios del Sistema público de salud de Galicia, ¿cuál es el órgano colegiado de dirección de la correspondiente área sanitaria?

a) Comisión de Dirección.
b) Comisión de Participación.
c) Consejo de Dirección.
d) Consejo de Participación.

12. El Sistema Público de Salud de Galicia es competencia:

a) Estatal, aunque la comunidad autónoma gallega las ejerce por delegación.
b) De la Comunidad Autónoma de Galicia, sin perjuicio de aquellas que corresponden al Estado debido a su integración en el Sistema Nacional de Salud.
c) Del Estado en exclusiva.
d) De la Comunidad Autónoma de Galicia en exclusiva.

13. Según el Decreto 134/2019, de 10 de octubre, por el que se regulan las áreas sanitarias y los distritos sanitarios del Sistema público de salud de Galicia, ¿a quién le corresponde realizar el seguimiento de la ejecución de los presupuestos asignados a cada centro de gasto?

a) Dirección del Distrito Sanitario.
b) Dirección Asistencial.
c) Dirección de Recursos Económicos.
d) Dirección de Recursos Humanos.

14. La división territorial del Sistema público de salud de Galicia se estructura en:

a) Áreas Asistenciales.
b) Áreas Sanitarias.
c) Distritos Sanitarios.
d) Provincias.

15. El Decreto 137/2019, de 10 de octubre, por el que se establece la Estructura Orgánica del Servicio Gallego de Salud, regula como Órgano de Administración del Servicio Gallego de Salud:

a) El Consejo de Dirección y Participación.
b) La Comisión de Dirección y Participación.

c) El Consejo de Dirección.

d) La Comisión de Dirección.

16. El Servicio Gallego de Salud es:

a) Un ente público de carácter institucional.

b) Un consorcio público con personalidad jurídica propia.

c) Una entidad pública empresarial.

d) Un organismo autónomo de naturaleza administrativa.

17. Según el Decreto 137/2019, de 10 de octubre, por el que se establece la Estructura Orgánica del Servicio Gallego de Salud, la Gerencia del SERGAS tiene rango de:

a) Servicio General.

b) Dirección General.

c) Subdirección General.

d) Secretaría General.

18. ¿Cómo se lleva a cabo el desarrollo territorial de la Estrategia gallega de salud?

a) Mediante los planes de salud de área.

b) A través del Plan de salud de Galicia.

c) Conforme a los procesos de evaluación continua de la calidad asistencial.

d) Al amparo de la ordenación del Sistema Público de Salud.

19. Según el Decreto 137/2019, de 10 de octubre, por el que se establece la Estructura Orgánica del Servicio Gallego de Salud. ¿Cuál de los siguientes no es un Órgano Colegiado dentro de los Órganos Centrales de Dirección?

a) Comité Ejecutivo.

b) Dirección General de Asistencia Sanitaria.

c) Consejo de Dirección.

d) Todos los anteriores son Órganos Colegiados.

20. ¿A quién le corresponde, según la Ley de Salud de Galicia, la aprobación de la estructura orgánica de la Consellería competente en materia de Sanidad y del Servicio Gallego de Salud?

a) Consellería competente en materia de sanidad

b) Al Presidente de la Xunta.

c) Al Consejo de la Xunta de Galicia.

d) Al Parlamento de Galicia.

En MADTEST tienes **más preguntas de este tema**, y todos tus avances quedan registrados y se reflejan en el ranking.

¡Supera tus límites con MADTEST!

Solución al test n.º 4

1. a) Autoridad Sanitaria.

2. b) La Ley 1/1989, de 2 de enero.

3. c) Atención Primaria.

4. c) Título preliminar.

5. a) Al Consello de la Xunta.

6. c) Título primero. Capítulo segundo.

7. a) Al Consejo de la Xunta de Galicia.

8. a) Sustentabilidad.

9. d) El Consejo Asesor del Sistema Público de Salud de Galicia.

10. d) Título sexto.

11. c) Consejo de Dirección.

12. b) De la Comunidad Autónoma de Galicia, sin perjuicio de aquellas que corresponden al Estado debido a su integración en el Sistema Nacional de Salud.

13. c) Dirección de Recursos Económicos.

14. b) Áreas Sanitarias.

15. c) El Consejo de Dirección.

16. d) Un organismo autónomo de naturaleza administrativa.

17. d) Secretaría General.

18. a) Mediante los planes de salud de área.

19. b) Dirección General de Asistencia Sanitaria.

20. c) Al Consejo de la Xunta de Galicia.

TEST N.º 5

El Estatuto Marco del Personal Estatutario de los Servicios de Salud: clasificación del personal estatutario. Derechos y deberes. Retribuciones. Jornada de trabajo. Situaciones del personal estatutario. Régimen disciplinario. Incompatibilidades. Representación, participación y negociación colectiva

1. La Ley 55/2003 del Estatuto Marco de Personal Estatutario de los Servicios de Salud es aplicable:

a) Al personal estatutario de los servicios de salud.
b) Al personal sanitario excluyendo al personal de gestión y servicios.
c) Al personal funcionario de las Comunidades Autónomas.
d) Al personal funcionario del Estado.

2. El personal estatutario con nombramiento expedido para el ejercicio de una profesión o especialidad sanitaria se denomina:

a) Personal sanitario.
b) Otro personal.
c) Personal de mantenimiento.
d) Personal de gestión y servicios.

3. El personal estatutario con nombramiento expedido para el desempeño de funciones de gestión o para el desempeño de profesiones u oficios que no tengan carácter sanitario se denomina:

a) Personal universitario.
b) Personal de gestión y servicios.
c) Personal directivo.
d) Personal administrativo.

4. Según establece el art. 8 de la Ley 55/2003, de 16 de diciembre, del Estatuto Marco de los Servicios de Salud, es personal estatutario fijo:

a) El que una vez superado el correspondiente proceso selectivo, obtiene un nombramiento para el desempeño, con carácter permanente, de las funciones que de tal nombramiento se deriven.

b) Todo el personal al servicio de los Servicios de Salud.

c) El personal que realice una prestación de servicios determinados de naturaleza temporal, coyuntural o extraordinaria.

d) El personal en posesión de un contrato laboral indefinido.

5. Según el art. 5 del Estatuto Marco, el personal estatutario se clasifica atendiendo a: (señala la respuesta incorrecta):

a) La función desarrollada.

b) El nivel del título exigido para el ingreso.

c) El tipo de nombramiento.

d) El expediente laboral.

6. Conforme al artículo 9.1 del Estatuto Marco (en redacción dada por el Real Decreto-ley 12/2022, de 5 de julio, por el que se modifica la Ley 55/2003, de 16 de diciembre, del Estatuto Marco del personal estatutario de los servicios de salud) los nombramientos del Personal Estatutario Temporal de los Servicios de Salud serán:

a) Únicamente de Personal Estatutario Sanitario.

b) Personal Estatutario Contratado.

c) De Interinidad.

d) Como Personal Laboral.

7. Conforme al artículo 5 de la Ley 55/2003, de 16 de diciembre, el personal estatutario de los Servicios de Salud, se clasifica con diferentes criterios, atendiendo:

a) A la función desarrollada; al nivel del título exigido para su ingreso; y al tipo de contrato.

b) Al nivel del título exigido para su ingreso; y al tipo de nombramiento.

c) A su carácter de propietario, interino o eventual.

d) A la función desarrollada; al nivel del título exigido para su ingreso; y al tipo de nombramiento.

8. Conforme a lo dispuesto en el artículo 2.2 de la Ley 55/2003, de 16 de diciembre, del Estatuto Marco del personal estatutario de los servicios de salud, en lo no previsto en la misma serán aplicables al personal estatutario:

a) Las disposiciones y principios generales sobre función pública de la Administración correspondiente.

b) Las disposiciones de derecho laboral, dictadas al amparo del artículo 149.1.7º de la Constitución.

c) Las disposiciones sobre función pública de la Administración del Estado, en todo caso, conforme a lo dispuesto en el artículo 149.3 de la Constitución.

d) El convenio colectivo del personal laboral al servicio de la Administración correspondiente.

9. Conforme al artículo 6.2 de la Ley 55/2003, de 16 de diciembre, del Estatuto Marco del personal estatutario de los servicios de salud, atendiendo al nivel académico del título exigido para el ingreso, el personal estatutario sanitario de formación profesional se divide en:

a) Técnicos sanitarios y Auxiliares de Enfermería.

b) Técnicos superiores y Técnicos.

c) Técnicos superiores y Técnicos de gestión.

d) Técnicos especialistas y Técnicos.

10. Los excesos de jornada tendrán el carácter de jornada complementaria y un límite máximo de:

a) No hay límite máximo de horas.

b) 125 horas al año.

c) 135 horas al año.

d) 150 horas al año.

11. La Ley 55/2003 del Estatuto Marco de Personal Estatutario de los Servicios de Salud es de aplicación:

a) Al personal estatutario que integra las profesiones sanitarias.

b) Al personal estatutario que desempeña su función en los centros e instituciones sanitarias de los servicios de salud.

c) Al personal funcionario de los servicios de salud de las Comunidades Autónomas.

d) Al personal sanitario, excluyendo el personal de gestión y servicios.

12. El Estatuto Marco del Personal Estatutario de los Servicios de Salud está regulado por:

a) Una Ley orgánica.

b) Una Ley ordinaria.

c) Un Real Decreto.

d) Un Reglamento.

13. Según el Estatuto Marco, siempre que la duración de la jornada exceda de seis horas continuadas, deberá establecerse un periodo de descanso durante la misma de al menos:

a) 10 minutos.

b) 15 minutos.

c) 20 minutos.

d) 30 minutos.

14. Según el Estatuto Marco, se considera falta muy grave:

a) La falta de obediencia debida a los superiores.

b) El acoso sexual, cuando el sujeto activo del acoso cree con su conducta un entorno laboral intimidatorio, hostil o humillante para la persona que es objeto del mismo.

c) El incumplimiento del deber de respeto a la Constitución o al respectivo Estatuto de Autonomía en el ejercicio de sus funciones.

d) La aceptación de cualquier tipo de contraprestación por los servicios prestados a los usuarios de los Servicios de Salud.

15. El funcionario sancionado con la separación del servicio no podrá concurrir a las pruebas de selección para la obtención de la condición de personal estatutario fijo, ni prestar servicios como personal estatutario temporal, durante:

a) Los 6 años siguientes.
b) Los 5 años siguientes.
c) Los 10 años siguientes.
d) La separación del servicio es definitiva.

16. Cuando la suspensión de funciones se imponga por falta muy grave, no podrá superar:

a) Los seis años.
b) Los diez años.
c) Los doce años.
d) Los quince años.

17. Las faltas graves prescribirán:

a) Al año.
b) A los dos años.
c) A los tres años.
d) A los cuatro años.

18. Las sanciones impuestas por faltas leves prescribirán:

a) Al mes.
b) A los tres meses.
c) A los seis meses.
d) Al año.

19. Las sanciones disciplinarias firmes que se impongan al personal estatutario se anotarán en su expediente personal. Las anotaciones por sanciones impuestas por faltas leves se cancelarán de oficio, desde el cumplimiento de la sanción, a:

a) Los 3 meses.
b) Los 6 meses.
c) El año.
d) Los 2 años.

20. Es una retribución básica del personal estatutario:

a) El complemento de destino.
b) El complemento de carrera.
c) Las pagas extraordinarias.
d) El complemento de productividad.

Solución al test n.º 5

1. a) Al personal estatutario de los servicios de salud.

2. a) Personal sanitario.

3. b) Personal de gestión y servicios.

4. a) El que una vez superado el correspondiente proceso selectivo, obtiene un nombramiento para el desempeño, con carácter permanente, de las funciones que de tal nombramiento se deriven.

5. d) El expediente laboral.

6. c) De Interinidad.

7. d) A la función desarrollada; al nivel del título exigido para su ingreso; y al tipo de nombramiento.

8. a) Las disposiciones y principios generales sobre función pública de la Administración correspondiente.

9. b) Técnicos superiores y Técnicos.

10. d) 150 horas al año.

11. b) Al personal estatutario que desempeña su función en los centros e instituciones sanitarias de los servicios de salud.

12. b) Una Ley ordinaria.

13. b) 15 minutos.

14. c) El incumplimiento del deber de respeto a la Constitución o al respectivo Estatuto de Autonomía en el ejercicio de sus funciones.

15. a) Los 6 años siguientes.

16. a) Los seis años.

17. b) A los dos años.

18. c) A los seis meses.

19. b) Los 6 meses.

20. c) Las pagas extraordinarias.

TEST N.º 6

El personal estatutario del Servicio Gallego de Salud: régimen de provisión y selección de plazas

1. Conforme a lo dispuesto en el Estatuto Marco, ¿cuál de los siguientes no es un principio básico rector de la provisión de plazas del personal estatutario?

a) El principio de planificación eficiente de las necesidades de recursos.

b) El principio de estabilidad del personal en el conjunto del Sistema Nacional de Salud.

c) El principio de integración en el régimen organizativo y funcional del Servicio de Salud y de sus Instituciones y Centros.

d) El principio de capacidad.

2. Según establece la Ley de Salud de Galicia, la provisión de puestos de trabajo en el Sistema Público de Salud de Galicia se realizará a través de los procedimientos de:

a) Oposición y Concurso-Oposición.

b) Selección, promoción interna, movilidad, reingreso al servicio activo y libre designación.

c) Selección, promoción interna y movilidad.

d) Selección, promoción interna, movilidad y reingreso al servicio activo.

3. Conforme al Decreto 206/2005, de provisión de plazas de personal estatutario del SERGAS, ¿con qué periodicidad elaborará el Servicio Gallego de Salud un plan de provisión de plazas destinado a programar las pruebas de acceso del nuevo personal y los procesos de promoción interna y movilidad voluntaria del personal estatutario fijo?

a) Anualmente.

b) Preferentemente cada dos años.

c) Cada cinco años.

d) Cada seis años.

4. En cuanto a la selección de personal temporal en la Comunidad Autónoma de Galicia, el período de prueba en el caso de personal de formación universitaria, tanto personal estatutario sanitario, como de gestión y servicios no podrá superar el trabajo efectivo durante:

a) 1 mes.

b) 15 días.

c) 2 meses.

d) 3 meses.

5. El Estatuto Marco, Ley 55/2003, establece en cuanto a la selección de personal estatutario fijo, que las convocatorias y sus bases vinculan a:

a) La Administración.
b) Los Tribunales encargados de juzgar las pruebas.
c) Quienes participen en las pruebas.
d) Todos los anteriores.

6. En virtud de la Ley 2/2015, de 29 de abril, del Empleo Público de Galicia. ¿Qué porcentaje, del total de plazas convocadas para el Servicio Gallego de Salud, se reservará para ser cubiertas entre personas con discapacidad de grado igual o superior al 33 por ciento?

a) Un mínimo de un 2 %.
b) Un mínimo de un 3 %.
c) Un mínimo de un 4 %.
d) Un mínimo de un 7 %.

7. Como norma general, la gestión de los llamamientos de los aspirantes será llevada a cabo por:

a) Las direcciones de recursos humanos de las gerencias de gestión integrada.
b) Las direcciones de recursos económicos de las gerencias de gestión integrada.
c) Las gerencias de gestión integrada.
d) Las Direcciones Provinciales.

8. Según lo establecido en el Decreto 206/2005, de 22 de julio, de provisión de plazas de personal estatutario del Servicio Gallego de Salud, en el procedimiento de concurso-oposición, los empates se resolverán a favor de:

a) El que obtuviese mayor puntuación en la fase de concurso.
b) El que obtuviese mayor puntuación en la fase de oposición.
c) El que obtuviese mayor puntuación en formación.
d) No hay criterios de desempate en ese procedimiento.

9. Una vez finalizado el proceso selectivo, y resuelta la relación de aspirantes, ¿qué plazo se podrá habilitar para que estos presenten la documentación que acredite el cumplimiento de los requisitos exigidos en la convocatoria?

a) Siete días.
b) Diez días.
c) Quince días.
d) Un mes.

10. ¿Qué plazo tienen, aquellos miembros del personal estatutario fijo que participen en un concurso de traslado, y ganen una plaza en distinta área de salud, dentro del SERGAS, para la toma de posesión de esa nueva plaza?

a) Quince días hábiles siguientes a aquel en que se publique la resolución definitiva.
b) Quince días hábiles siguientes al del cese.

c) Quince días naturales siguientes a aquel en que se publique la resolución definitiva.

d) Quince días naturales siguientes al del cese.

11. ¿Qué plazo tienen aquellos miembros del personal estatutario fijo que participen en un concurso de traslado, y ganen una plaza de la misma área de salud que la que venían desempeñando, para la toma de posesión de esa nueva plaza?

a) Dos días hábiles siguientes a aquel en que se publique la resolución definitiva.

b) Dos días hábiles siguientes al del cese.

c) Dos días naturales siguientes a aquel en que se publique la resolución definitiva.

d) Dos días naturales siguientes al del cese.

12. El Estatuto Marco, Ley 55/2003, establece que para poder participar en los procesos selectivos de Personal Estatutario Fijo será necesario tener cumplidos:

a) 16 años.

b) 17 años.

c) 18 años.

d) 19 años.

13. La Ley de Salud de Galicia establece que la oferta de empleo público del Sistema Público de Salud de Galicia tendrá una periodicidad de:

a) Por lo menos bianual.

b) Bianual.

c) Anual.

d) Por lo menos anual.

14. Conforme al Decreto 206/2005, ¿qué procedimiento se utilizará para la provisión de los puestos de jefatura de servicio de las áreas de gestión y servicios?

a) Concurso de méritos.

b) Oposición libre.

c) Libre designación.

d) Concurso-oposición.

15. ¿Qué plazo tienen aquellos miembros del personal estatutario fijo que participen en un concurso de traslado, y ganen una plaza correspondiente a otro Servicio de Salud, para la toma de posesión de esa nueva plaza?

a) Quince días hábiles siguientes a aquel en que se publique la resolución definitiva.

b) Quince días hábiles siguientes al del cese.

c) Un mes siguiente a aquel en que se publique la resolución definitiva.

d) Un mes siguiente al del cese.

16. Conforme al Decreto 206/2005, en tanto no se proceda a la resolución de las convocatorias para cubrir puestos de la organización directiva del Servicio Gallego de Salud, dichos puestos directivos, ¿podrán ser cubiertos mediante nombramiento provisional?

a) No, en ningún caso.

b) Sí, por un plazo máximo de tres meses.

c) Sí, por un plazo máximo de seis meses.

d) Sí, por un plazo máximo de un año.

17. El Estatuto Marco dispone que la selección del personal estatutario temporal se efectuará a través de procedimientos que permitan la máxima agilidad en la selección, que se basarán en los principios de:

a) Igualdad, mérito, capacidad.

b) Competencia.

c) Publicidad.

d) Todos son correctos.

18. El Estatuto Marco, Ley 55/2003, establece que la Selección de Personal estatutario fijo se efectuará con carácter general por el sistema de:

a) Oposición.

b) Concurso.

c) Concurso-oposición.

d) Indistintamente por cualquiera de los sistemas mencionados.

19. Atendiendo a lo establecido en el Decreto 206/2005, de 22 de julio, de provisión de plazas de personal estatutario del Servicio Gallego de Salud, los puestos de supervisor de área y coordinadores de atención primaria, se proveerán a través de:

a) Sistema de evaluación colegiada, si requieren dedicación exclusiva.

b) Sistema de libre designación.

c) Concurso de méritos.

d) Concurso-oposición.

20. ¿Qué requisitos establece el Estatuto Marco para poder participar en los procesos de selección de personal estatutario fijo?

a) Poseer la nacionalidad española o la de un Estado miembro de la Unión Europea o del Espacio Económico Europeo, u ostentar el derecho a la libre circulación de trabajadores conforme al Tratado de la Unión Europea o a otros Tratados ratificados por España, o tener reconocido tal derecho por norma legal.

b) Estar en posesión de la titulación exigida en la convocatoria o en condiciones de obtenerla dentro del plazo de presentación de solicitudes.

c) Poseer la capacidad funcional necesaria para el desempeño de las funciones que se deriven del correspondiente nombramiento.

d) Todos los anteriores son requisitos.

En MADTEST tienes **más preguntas de este tema,** y todos tus avances quedan registrados y se reflejan en el ranking.

¡Supera tus límites con MADTEST!

Solución al test n.º 6

1. b) El principio de estabilidad del personal en el conjunto del Sistema Nacional de Salud.

2. b) Selección, promoción interna, movilidad, reingreso al servicio activo y libre designación.

3. b) Preferentemente cada dos años.

4. d) 3 meses.

5. d) Vinculan a todos los anteriores.

6. d) Un mínimo de un 7 %.

7. a) Las direcciones de recursos humanos de las gerencias de gestión integrada.

8. b) El que obtuviese mayor puntuación en la fase de oposición.

9. b) Diez días.

10. b) Quince días hábiles siguientes al del cese.

11. b) Dos días hábiles siguientes al del cese.

12. c) 18 años.

13. a) Por lo menos bianual.

14. c) Libre designación.

15. d) Un mes siguiente al del cese.

16. b) Sí, por un plazo máximo de tres meses.

17. d) Todos son correctos.

18. c) Concurso-oposición.

19. b) El que obtuviese mayor puntuación en la fase de oposición.

20. d) Todos los anteriores son requisitos.

TEST N.º 7

**Normativa vigente sobre protección de datos personales
y garantía de los derechos digitales: disposiciones generales;
principios de protección de datos; derechos de las personas.
La ley Gallega 3/2001, de 28 de mayo, reguladora del
consentimiento informado y de la historia clínica de los pacientes**

1. Según el artículo 18.3 de la Constitución Española, se garantiza el secreto de las comunicaciones y, en especial, de las postales, telegráficas y telefónicas:

a) Siempre.
b) Salvo resolución judicial.
c) Excepto en los casos que establezcan las leyes.
d) Salvo consentimiento del interesado.

2. Cuando los plazos se señalen por días en el RGPD o en la LO 3/2018, se entiende que estos:

a) Son naturales.
b) Son hábiles, de lunes a sábado; excluyéndose del cómputo los domingos y los declarados festivos.
c) Son naturales; excluyéndose del cómputo los declarados festivos.
d) Son hábiles, excluyéndose del cómputo los sábados, los domingos y los declarados festivos.

3. El RGPD considera "destinatario":

a) A la persona física o jurídica, autoridad pública, servicio u otro organismo al que se comuniquen datos personales, siempre que se trate de un tercero.
b) A la persona física o jurídica, autoridad pública, servicio u otro organismo al que se comuniquen datos personales, se trate o no de un tercero.
c) A la autoridad pública que pueda recibir datos personales en el marco de una investigación concreta de conformidad con el Derecho de la Unión o de los Estados miembros.

d) A la persona física o jurídica, autoridad pública, servicio u organismo distinto del interesado, del responsable del tratamiento, del encargado del tratamiento y de las personas autorizadas para tratar los datos personales bajo la autoridad directa del responsable o del encargado.

4. El RGPD denomina a la autoridad pública independiente establecida por un Estado miembro:

a) Agencia Nacional de Protección de Datos.
b) Representante.
c) Autoridad de control.
d) Autoridad de referencia.

5. ¿Cómo denomina el RGPD el tratamiento de datos personales de manera tal que ya no puedan atribuirse a un interesado sin utilizar información adicional, siempre que dicha información adicional figure por separado y esté sujeta a medidas técnicas y organizativas destinadas a garantizar que los datos personales no se atribuyan a una persona física identificada o identificable?

a) Seudonimización.
b) Anonimización.
c) Generalización.
d) Encriptación.

6. Conforme al artículo 3 de la LO 3/2018, las personas vinculadas al fallecido por razones familiares o de hecho así como sus herederos:

a) No podrán dirigirse al responsable o encargado del tratamiento para solicitar el acceso a los datos personales de aquella, si no es por vía judicial.
b) Solo podrán dirigirse al encargado del tratamiento, siempre que sea con objeto de rectificar datos manifiestamente falsos.
c) Podrán dirigirse al responsable o encargado del tratamiento siempre que sea con objeto de solicitar la supresión de los datos personales de aquella sin posibilidad de acceder a ellos.
d) Podrán dirigirse al responsable o encargado del tratamiento al objeto de solicitar el acceso a los datos personales de aquella y, en su caso, su rectificación o supresión.

7. Las Administraciones Públicas incorporarán a los temarios de las pruebas de acceso a los cuerpos superiores y a aquellos en que habitualmente se desempeñen funciones que impliquen el acceso a datos personales materias relacionadas con la garantía de los derechos digitales y en particular:

a) El de protección de datos.
b) El de libertad de expresión.
c) El de protección de los menores.
d) El de seguridad de las comunicaciones.

8. Toda persona cuya identidad pueda determinarse, directa o indirectamente, en particular mediante un identificador, como por ejemplo un nombre, un número de identificación, datos de localización, un identificador en línea o uno o varios elementos propios de la identidad física, fisiológica, genética, psíquica, económica, cultural o social de dicha persona, se considerará persona física:

a) Identificable.
b) Fichada.
c) Legal.
d) Tratable.

9. Los datos personales serán tratados de tal manera que se garantice una seguridad adecuada de los mismos, incluida la protección contra el tratamiento no autorizado o ilícito y contra su pérdida, destrucción o daño accidental, mediante la aplicación de medidas técnicas u organizativas apropiadas; todo ello en virtud del principio de:

a) Responsabilidad proactiva.
b) Integridad y confidencialidad.
c) Limitación de la finalidad.
d) Licitud, lealtad y transparencia.

10. Conforme al principio de limitación de la finalidad, los datos personales serán recogidos con fines determinados, explícitos y:

a) Limitados.
b) Transparentes.
c) Compatibles.
d) Legítimos.

11. En virtud de qué principio previsto por el Reglamento General de Protección de Datos, los datos personales serán adecuados, pertinentes y limitados a lo necesario en relación con los fines para los que son tratados:

a) Principio de exactitud.
b) Principio de limitación de la finalidad.
c) Principio de responsabilidad proactiva.
d) Principio de minimización de datos.

12. En relación al consentimiento, el Reglamento General de Protección de Datos dispone que:

a) El consentimiento puede deducirse del silencio o de la inacción de los ciudadanos.
b) Se permite el llamado consentimiento tácito.

c) No es admisible el consentimiento del interesado dado en el contexto de una declaración escrita que también se refiera a otros asuntos.

d) Quienes recopilen datos personales deben ser capaces de demostrar que el afectado les otorgó su consentimiento.

13. Como la consecuencia del derecho que tienen los ciudadanos a solicitar, y obtener de los responsables, que los datos personales sean suprimidos cuando, entre otros casos, estos ya no sean necesarios para la finalidad con la que fueron recogidos, cuando se haya retirado el consentimiento o cuando estos se hayan recogido de forma ilícita, el Reglamento General de Protección de Datos propugna el derecho:

a) Al olvido.
b) De oposición.
c) De rectificación.
d) Al borrado.

14. Según el Reglamento General de Protección de Datos, cuando los datos personales no se hayan obtenido del interesado, el responsable del tratamiento le facilitará, entre otras informaciones, los fines del tratamiento a que se destinan los datos personales, así como la base jurídica del tratamiento. El responsable del tratamiento facilitará la información dentro de un plazo razonable, una vez obtenidos los datos personales, y a más tardar dentro de:

a) 10 días hábiles.
b) 20 días.
c) 1 mes.
d) 3 meses.

15. Según el Reglamento (UE) 2016/679, de 27 de abril, relativo a la protección de las personas físicas en lo que respecta al tratamiento de datos personales y a la libre circulación de estos datos, para poder considerar que el consentimiento del interesado para el tratamiento de sus datos personales es inequívoco:

a) Se requerirá declaración jurada del interesado donde manifieste su conformidad.
b) Se precisa contrato de cesión de datos personales.
c) Deberá existir una declaración del interesado o una acción positiva que manifieste su conformidad.
d) Bastará con el consentimiento por silencio, casillas ya marcadas o inacción.

16. El tratamiento de datos personales solo podrá considerarse fundado en el cumplimiento de una misión realizada en interés público o en el ejercicio de poderes públicos conferidos al responsable cuando derive de una competencia atribuida por:

a) Una norma con rango de ley.
b) El Reglamento General de Protección de Datos.

c) La Ley Orgánica 3/2018, de 5 de diciembre, de Protección de Datos Personales y garantía de los derechos digitales.

d) Un Reglamento.

17. Conforme al artículo 9 de la LO 3/2018, de 5 de diciembre, de Protección de Datos Personales y garantía de los derechos digitales, cuál de los siguientes tratamientos de datos fundados en el Derecho español deberá estar amparado en una norma con rango de ley:

a) Tratamiento necesario con fines de archivo en interés público, fines de investigación científica o histórica.

b) Tratamiento efectuado, en el ámbito de sus actividades legítimas y con las debidas garantías, por una fundación, una asociación o cualquier otro organismo sin ánimo de lucro, cuya finalidad sea política, filosófica, religiosa o sindical, siempre que el tratamiento se refiera exclusivamente a los miembros actuales o antiguos de tales organismos o a personas que mantengan contactos regulares con ellos en relación con sus fines y siempre que los datos personales no se comuniquen fuera de ellos sin el consentimiento de los interesados.

c) Tratamiento necesario para fines de medicina preventiva o laboral, evaluación de la capacidad laboral del trabajador, diagnóstico médico, prestación de asistencia o tratamiento de tipo sanitario o social, o gestión de los sistemas y servicios de asistencia sanitaria y social.

d) Tratamiento referido a datos personales que el interesado ha hecho manifiestamente públicos.

18. Conforme al RGPD, el interesado tendrá derecho a obtener del responsable del tratamiento la limitación del tratamiento de los datos cuando el responsable ya no necesite los datos personales para los fines del tratamiento, pero el interesado los necesite para:

a) La formulación, el ejercicio o la defensa de reclamaciones.

b) Verificar la exactitud de los mismos

c) Incorporarlos a sus archivos personales.

d) Proceder él mismo a su destrucción.

19. El derecho a la portabilidad de los datos:

a) Se podrá aplicar a los tratamientos que sean necesario para el cumplimiento de una misión realizada en interés público o en el ejercicio de poderes públicos conferidos al responsable del tratamiento.

b) A diferencia de otros derechos, podrá afectar negativamente a los derechos y libertades de otros.

c) Supone la obligación de que, en todo caso, los datos personales se transmitan directamente de responsable a responsable.

d) Requiere que el tratamiento se efectúe por medios automatizados.

20. Cuando las solicitudes de ejercicio de los derechos de un interesado en un tratamiento de datos de carácter personal sean manifiestamente infundadas o excesivas, especialmente debido a su carácter repetitivo, el responsable del tratamiento podrá cobrar un canon razonable en función de los costes administrativos afrontados para facilitar la información o la comunicación o realizar la actuación solicitada. A menos que exista causa legítima para ello, se podrá considerar repetitivo el ejercicio del derecho de acceso en más de una ocasión durante el plazo de (a partir de):

a) 3 meses.
b) 6 meses.
c) 10 meses.
d) 1 año.

En MADTEST tienes **más preguntas de este tema**, y todos tus avances quedan registrados y se reflejan en el ranking.

¡Supera tus límites con MADTEST!

Solución al test n.º 7

1. b) Salvo resolución judicial.

2. d) Son hábiles, excluyéndose del cómputo los sábados, los domingos y los declarados festivos.

3. b) A la persona física o jurídica, autoridad pública, servicio u otro organismo al que se comuniquen datos personales, se trate o no de un tercero.

4. c) Autoridad de control.

5. a) Seudonimización.

6. d) Podrán dirigirse al responsable o encargado del tratamiento al objeto de solicitar el acceso a los datos personales de aquella y, en su caso, su rectificación o supresión.

7. a) El de protección de datos.

8. a) Identificable.

9. b) Integridad y confidencialidad.

10. d) Legítimos.

11. d) Principio de minimización de datos.

12. d) Quienes recopilen datos personales deben ser capaces de demostrar que el afectado les otorgó su consentimiento.

13. a) Al olvido.

14. c) 1 mes.

15. c) Deberá existir una declaración del interesado o una acción positiva que manifieste su conformidad.

16. a) Una norma con rango de ley.

17. c) Tratamiento necesario para fines de medicina preventiva o laboral, evaluación de la capacidad laboral del trabajador, diagnóstico médico, prestación de asistencia o tratamiento de tipo sanitario o social, o gestión de los sistemas y servicios de asistencia sanitaria y social.

18. a) La formulación, el ejercicio o la defensa de reclamaciones.

19. d) Requiere que el tratamiento se efectúe por medios automatizados.

20. b) 6 meses.

La Ley 31/1995, de 8 de noviembre, de Prevención de Riesgos Laborales: capítulos I, II, III y V. Principales riesgos y medidas de prevención en las IISS. Ley Orgánica 1/2004, de 28 de diciembre, de Medidas de Protección Integral contra la Violencia de Género. Ley 11/2007, de 27 de julio, gallega para la prevención y el tratamiento integral de la violencia de género. Legislación sobre igualdad de mujeres y hombres: su aplicación en los distintos ámbitos de la función pública

1. Señala la respuesta incorrecta:

a) La Ley de Prevención de Riesgos Laborales se aplica a los operativos de Seguridad civil en casos de catástrofe.

b) La Ley de Prevención de Riesgos Laborales se aplica a las sociedades cooperativas.

c) En el ámbito de la relación laboral de carácter especial del servicio del hogar familiar, las personas trabajadoras tienen derecho a una protección eficaz en materia de seguridad y salud en el trabajo.

d) En los establecimientos penitenciarios, se adaptarán a la Ley de Prevención de Riesgos Laborales aquellas actividades cuyas características justifiquen una regulación especial.

2. ¿Cuál es la vigente Ley de Prevención de Riesgos Laborales?

a) Ley 32/1995, de 8 de noviembre.

b) Ley 30/1996, de 8 de noviembre.

c) Ley 31/1995, de 6 de noviembre.

d) Ley 31/1995, de 8 de noviembre

3. El órgano científico técnico especializado de la Administración General del Estado que tiene como misión el análisis y estudio de las condiciones de seguridad y salud en el trabajo, así como la promoción y apoyo a la mejora de las mismas, es:

a) El Instituto Nacional de Seguridad y Salud en el Trabajo.

b) La Comisión Nacional de Seguridad y Salud en el Trabajo.

c) El Instituto Carlos III.

d) El Centro Nacional de Promoción y Cuidados de la Salud.

4. La Presidencia de la Comisión Nacional de Seguridad y Salud en el Trabajo, corresponde a:

a) El titular del Ministerio competente en materia de Sanidad.

b) El titular del Ministerio competente en materia de Empleo.

c) El Secretario de Estado de Trabajo.

d) El Director del Instituto Nacional de Seguridad y Salud en el Trabajo.

5. ¿Qué se entiende por "riesgo laboral"?

a) La posibilidad de que un trabajador sufra un determinado daño derivado del trabajo.

b) La posibilidad de que un trabajador sufra una enfermedad en el trabajo.

c) La posibilidad de que un trabajador sufra acoso.

d) El riesgo que supone el ir a trabajar.

6. Según establece la Ley 31/1995 de Prevención de Riesgos Laborales, ¿a qué órgano le corresponde la función de vigilancia y control de la normativa de prevención de riesgos laborales?

a) Al Instituto Nacional de Seguridad y Salud en el Trabajo.

b) A la Inspección de Trabajo y Seguridad Social.

c) Al Servicio de Salud.

d) A la Comisión Nacional de Seguridad y Salud del Trabajo.

7. Según establece el art. 4 de la Ley 31/1995, de 8 de noviembre, de Prevención de Riesgos Laborales, se define como daños derivados del trabajo:

a) La posibilidad de que un trabajador sufra un determinado daño derivado del trabajo.

b) El que resulte probable racionalmente que se materialice en un futuro inmediato y pueda suponer y pueda suponer un daño grave para la salud de los trabajadores.

c) Las enfermedades, patologías o lesiones sufridas con motivo u ocasión del trabajo.

d) Cualquier máquina, aparato, instrumento o instalación utilizada en el trabajo.

8. Los instrumentos esenciales para la gestión y aplicación del Plan de prevención de riesgos laborales son:

a) La evaluación de riesgos y la planificación de la actividad preventiva.

b) La evaluación inicial de riesgos y la formación.

c) La planificación y la gestión de la actividad preventiva.

d) La identificación y la evaluación de los riesgos.

9. Las normas reglamentarias en materia de Prevención las dicta:

a) El Gobierno, a través de las correspondientes normas reglamentarias y previa consulta a las organizaciones sindicales y empresariales más representativas.
b) Los Delegados de Prevención.
c) Los Delegados de Prevención y el Empresario.
d) El Empresario.

10. La Comisión Nacional de Seguridad y Salud en el Trabajo, está compuesta por:

a) Representantes de las organizaciones sindicales y empresariales.
b) Un representante de cada una de las Comunidades Autónomas y representantes de las organizaciones sindicales y empresariales.
c) Representantes de la Administración y representantes de las organizaciones sindicales y empresariales.
d) Un representante de cada una de las Comunidades Autónomas y por igual número de miembros de la Administración General del Estado y, paritariamente con todos los anteriores, por representantes de las organizaciones empresariales y sindicales más representativas.

11. ¿Cuándo se deben utilizar los equipos de protección individual?

a) Siempre.
b) Cuando los riesgos no hayan sido evaluados.
c) Cuando los riesgos no se puedan evitar o no puedan limitarse.
d) Cuando el trabajador lo estime oportuno.

12. La Ley de Prevención de Riesgos laborales, tiene por objeto:

a) Prevenir los accidentes en general.
b) Evitar riesgos en el recorrido al puesto de trabajo.
c) Promover la seguridad y la salud de los trabajadores.
d) Que cada vez haya menos accidentes de tráfico.

13. Según la Ley de Prevención de Riesgos Laborales, se constituirá un Comité de Seguridad y Salud en todas las empresas o centros de trabajo que cuenten con:

a) 30 o más trabajadores.
b) 50 o más trabajadores.
c) 75 o más trabajadores.
d) 100 o más trabajadores.

14. La regulación de los requisitos mínimos que deben reunir las condiciones de trabajo para la protección de la seguridad y la salud de los trabajadores, corresponde a:

a) Las Cortes Generales.
b) El Gobierno de la nación, previa consulta a las organizaciones sindicales y empresariales más representativas.

c) El Consejo de Gobierno de cada Comunidad Autónoma; por delegación del Consejo de Ministros.

d) Los Convenios Colectivos.

15. El proceso dirigido a estimar la magnitud de aquellos riesgos que no hayan podido evitarse, obteniendo la información necesaria para que el empresario esté en condiciones de tomar una decisión apropiada sobre la necesidad de adoptar medidas preventivas y, en tal caso, sobre el tipo de medidas que deben adoptarse, se llama:

a) Adaptación del puesto de trabajo.
b) Evaluación de los riesgos laborales.
c) Plan de prevención de riesgos laborales.
d) Señalización de seguridad y salud en el trabajo.

16. La función de vigilancia y control de la normativa sobre prevención de riesgos laborales corresponde:

a) A la Dirección General de Personal y Desarrollo Profesional.
b) A la Delegación Provincial de Trabajo.
c) A la Inspección de Trabajo y Seguridad Social.
d) Al Servicio de Medicina Preventiva.

17. Entre los principios de la acción preventiva recogidos por el artículo 15 de la Ley de Prevención de Riesgos Laborales, no figura:

a) Evitar los riesgos.
b) Evaluar los riesgos que se puedan evitar.
c) Tener en cuenta la evolución de la técnica.
d) Dar las debidas instrucciones a los trabajadores.

18. La Prevención de Riesgos Laborales deberá integrarse en el sistema general de gestión de la empresa a través de:

a) La política preventiva.
b) El plan de prevención.
c) El consenso de las partes.
d) El poder de decisión del empresario.

19. ¿Cuál de los siguientes principios generales de la acción preventiva a aplicar en el trabajo, contenidos en la Ley de Prevención de Riesgos Laborales, es incorrecto?

a) Evaluar los riesgos que no se pueden evitar.
b) Priorizar medidas individuales a las colectivas.
c) Combatir los riesgos en su origen.
d) Tener en cuenta la evolución de la técnica.

20. El Plan de prevención de riesgos laborales debe ser aprobado por:

a) La dirección de la empresa.
b) La autoridad sanitaria.
c) Los representantes de los trabajadores.
d) Todos los trabajadores.

En MADTEST tienes **más preguntas de este tema**, y todos tus avances quedan registrados y se reflejan en el ranking.

¡Supera tus límites con MADTEST!

Solución al test n.º 8

1. a) La Ley de Prevención de Riesgos Laborales se aplica a los operativos de Seguridad civil en casos de catástrofe.

2. d) Ley 31/1995, de 8 de noviembre.

3. a) El Instituto Nacional de Seguridad y Salud en el Trabajo.

4. c) El Secretario de Estado de Trabajo.

5. a) La posibilidad de que un trabajador sufra un determinado daño derivado del trabajo.

6. b) A la Inspección de Trabajo y Seguridad Social.

7. c) Las enfermedades, patologías o lesiones sufridas con motivo u ocasión del trabajo.

8. a) La evaluación de riesgos y la planificación de la actividad preventiva.

9. a) El Gobierno, a través de las correspondientes normas reglamentarias y previa consulta a las organizaciones sindicales y empresariales más representativas.

10. d) Un representante de cada una de las Comunidades Autónomas y por igual número de miembros de la Administración General del Estado y, paritariamente con todos los anteriores, por representantes de las organizaciones empresariales y sindicales más representativas.

11. c) Cuando los riesgos no se puedan evitar o no puedan limitarse.

12. c) Promover la seguridad y la salud de los trabajadores.

13. b) 50 o más trabajadores.

14. b) El Gobierno de la nación, previa consulta a las organizaciones sindicales y empresariales más representativas.

15. b) Evaluación de los riesgos laborales.

16. c) A la Inspección de Trabajo y Seguridad Social.

17. b) Evaluar los riesgos que se puedan evitar.

18. b) El plan de prevención.

19. b) Priorizar medidas individuales a las colectivas.

20. a) La dirección de la empresa.

TEST

TEST N.º 1

**Concepto de calidad en el sistema sanitario.
Evaluación, garantía, mejora continua y calidad total.
El ciclo evaluativo. Dimensiones de la calidad asistencial.
Estructura, proceso y resultado**

1. ¿En qué apartado del Modelo de Producción propuesto por el doctor Avedis Donabedian se evalúa de forma genérica el conjunto de actividades que los profesionales de la salud realizan con el enfermo, incluyendo habitualmente las respuestas de éste?

a) En el resultado.
b) En el proceso.
c) En la eficacia.
d) En la eficiencia.

2. ¿En qué apartado del Modelo de Producción propuesto por el doctor Avedis Donabedian se valoran las características externas del entorno en que se presta la atención sanitaria?

a) En la accesibilidad.
b) En la estructura.
c) En la adecuación.
d) En los procesos.

3. ¿Cuál de los siguientes enunciados no corresponde con alguno de los atributos que debe tener un indicador para que sea considerado como bueno?

a) Sensibilidad.
b) Fiabilidad.
c) Validez.
d) Eficacia.

4. ¿Qué es un estándar de calidad?

a) La especificación cuantitativa de un criterio.

b) Las condiciones que debe cumplir una estructura, un proceso, o un resultado, para que se le pueda considerar de calidad.

c) Un porcentaje de la valoración numérica que se ha dado al criterio de calidad.

d) Las opciones a) y c) son ciertas.

5. ¿A qué se denomina criterio de calidad?

a) A la especificación cuantitativa de un estándar de calidad.

b) A las condiciones que debe cumplir una estructura, un proceso, o un resultado, para que se le pueda considerar de calidad.

c) A un porcentaje de la valoración numérica que se ha dado al estándar de calidad.

d) Al porcentaje de aciertos y errores de cada servicio; que no debe, según los acuerdos internacionales, superar el 15% de los errores en ningún caso.

6. Los sistemas sanitarios son utilizados de forma diversa, por muchos tipos de personas. ¿Cómo se denomina a aquellas personas que reciben el beneficio del producto sanitario, sin ser el comprador del mismo (por ejemplo el hijo del titular de un seguro)?

a) Paciente.

b) Cliente.

c) Usuario.

d) Acompañante.

7. Los sistemas sanitarios son utilizados de forma diversa, por muchos tipos de personas. ¿Cómo se denomina a aquellas personas que hacen uso de instalaciones sin estar enfermos?

a) Usuarios.

b) Clientes.

c) Acompañantes.

d) Pacientes.

8. ¿Cómo se denomina a la asistencia basada en la eficacia, con independencia del coste que suponga?

a) Calidad eficiente.

b) Calidad óptima.

c) Calidad lógica.

d) Calidad máxima.

9. ¿Cómo se denomina al tipo de calidad que procura el máximo en estado de salud del paciente al coste más bajo?

a) Calidad eficiente.
b) Calidad lógica.
c) Calidad máxima.
d) Calidad óptima.

10. ¿Cómo se denomina al tipo de calidad que se considera necesaria, la calidad que se planifica en la estrategia del sistema sanitario, determinándose los criterios y las especificaciones que debe cumplir un servicio concreto?

a) Calidad estructurada.
b) Calidad demandada.
c) Calidad realizada.
d) Calidad diseñada.

11. ¿Cuáles son los tres aspectos que incluye la conocida como Trilogía de Juran?

a) Planificar, medir y mejorar la calidad.
b) Evaluar, resolver y transformar la calidad.
c) Medir, planificar y ejecutar la calidad.
d) Estructura, proceso y resultado de la calidad.

12. ¿Cómo se denomina al proceso de verificación externa al que se someten voluntariamente los centros, se realizan por órganos independientes que poseen criterios y estándares prefijados, y que otorgarán, en el caso de que el resultado se ajuste al baremo, la certificación correspondiente durante un determinado período de tiempo, pasado el cual habrá que volver a solicitarlo?

a) Auditoría.
b) Peer review.
c) Acreditación.
d) Método MAQSI.

13. ¿Cuál de los siguientes enunciados representa un método interno de evaluación de la calidad?

a) Joint Commission on Acreditation of Hospitals (JCAH).
b) Auditorías.
c) MAQSI.
d) Acreditaciones.

14. ¿Cómo denominaría a los procedimientos conocidos como Ciclo evaluativo y Monitorización?

a) Son programas de garantía de calidad.
b) Son programas de mejora continua de la calidad.
c) Son programas de calidad total.
d) Son programas de calidad que atienden a la visión de los gestores.

15. ¿Cuál de los siguientes enunciados es una estrategia de mejora continua de la calidad aplicado a la estructura?

a) Satisfacción del cliente.
b) Acreditación de centros y de profesionales.
c) Evaluación de la calidad de vida.
d) Audits.

16. ¿Cuál de los siguientes enunciados es una estrategia de mejora continua de la calidad aplicado a los procesos?

a) Evaluación de la calidad de vida.
b) Contrato programa.
c) Audits.
d) Acreditación de centros y de profesionales.

17. ¿Cuál de los siguientes enunciados, no corresponde con alguna de las etapas propias de un ciclo evaluativo o de mejora de la calidad?

a) Implantación de las medidas correctoras.
b) Reevaluación.
c) Identificación de problemas u oportunidades de mejora.
d) Auditoría a los profesionales.

18. La elaboración de criterios en un ciclo evaluativo es de gran importancia, pues de esto depende en gran medida la utilidad de la evaluación. ¿A qué se denomina criterios transversales?

a) A los que miden aspectos parciales de la atención sanitaria.
b) A los que miden la calidad de aspectos globales de la atención sanitaria.
c) A Los que se aplican de forma independiente unos de otros.
d) A aquellos en los que no se especifica lo que hay que hacer en cada caso, ya que se relaciona con la buena práctica profesional.

19. ¿Cómo se denomina a los criterios de un ciclo evaluativo, que tienen todos el mismo valor como medidores de la calidad?

a) Criterios ponderados.
b) Criterios transversales.

c) Criterios generales.
d) Criterios isovalentes.

20. ¿Cuál de los siguientes enunciados no corresponde con alguna de las funciones de las comisiones clínicas?

a) Realizar protocolos y recomendaciones clínicas.
b) Realizar la formación continuada del centro.
c) Acordar objetivos con el Equipo Directivo.
d) Establecer los indicadores, criterios y estándares.

En MADTEST tienes **más preguntas de este tema**, y todos tus avances quedan registrados y se reflejan en el ranking.

¡Supera tus límites con MADTEST!

Solución al test n.º 1

1. b) En el proceso.

2. b) En la estructura.

3. d) Eficacia.

4. d) Las opciones a y c son ciertas.

5. b) A las condiciones que debe cumplir una estructura, un proceso, o un resultado, para que se le pueda considerar de calidad.

6. c) Usuario.

7. c) Acompañantes.

8. d) Calidad máxima.

9. a) Calidad eficiente.

10. d) Calidad diseñada.

11. a) Planificar, medir y mejorar la calidad.

12. c) Acreditación.

13. c) MAQSI.

14. a) Son programas de garantía de calidad.

15. b) Acreditación de centros y de profesionales.

16. c) Audits.

17. d) Auditoría a los profesionales.

18. c) A Los que se aplican de forma independiente unos de otros.

19. d) Criterios isovalentes.

20. b) Realizar la formación continuada del centro.

TEST N.º 2

Actividades del/de la técnico/a en cuidados auxiliares de enfermería en las instituciones sanitarias. Coordinación entre niveles asistenciales. Concepto: cuidados, necesidades básicas y autocuidados. El hospital y los problemas psicosociales y de adaptación del paciente hospitalizado

1. Cuando en un sistema de atención a la salud hablamos de Atención Secundaria hacemos referencia:

a) Al nivel más básico y elemental del sistema.
b) A un nivel no básico sino especializado.
c) A un nivel superespecializado del sistema.
d) Ninguna respuesta es correcta.

2. Señale la respuesta incorrecta respecto al concepto de Atención Primaria:

a) Constituye el primer nivel de acceso ordinario de la población al Sistema Sanitario Público, y se caracteriza por prestar atención integral a la salud.
b) En los servicios de Atención Primaria el usuario halla respuesta a sus problemas más habituales de salud y enfermedad, y solo cuando el diagnóstico y tratamiento lo requieran y ya no pueda ser atendido con los medios de ese primer nivel, será derivado a la Atención Especializada.
c) La Atención Primaria se desarrolla al principio de la década de los sesenta, como una reacción en contra del sistema sanitario básicamente hospitalario y curativo, especializado, costoso, tecnificado, y alejado del individuo.
d) En los servicios de Atención Primaria el usuario halla respuesta a sus problemas más habituales de salud y enfermedad, y solo cuando el diagnóstico y tratamiento lo requieran y ya no pueda ser atendido con los medios de ese primer nivel, será derivado a la Atención Especializada.

3. ¿Dónde se realizó la Conferencia Internacional sobre Atención Primaria de Salud en la que se definió en su punto VI lo que debe entenderse por Atención Primaria?

a) En Boston.
b) En Berlín.
c) En Kiev.
d) En Alma-Ata.

4. ¿En qué fecha se hizo pública en Alma-Ata, capital de Kazajstán, antigua República Soviética, la Conferencia Internacional sobre Atención Primaria de Salud?

a) El 12 de septiembre de 1978.
b) El 15 de octubre de 1978.
c) El 19 de noviembre de 1978.
d) El 2 de enero de 1980.

5. Una de las características de la Atención Primaria de Salud:

a) Los Ambulatorios y los Consultorios han venido a sustituir a los Centros de Salud.
b) Se han instaurado nuevos horarios y régimen de personal, ya no es necesario una dedicación exclusiva al sistema sanitario público por parte de los profesionales.
c) Surge una nueva sectorización del territorio, desaparecen las Zonas Básicas de Salud.
d) Se crean nuevos profesionales que se incorporan, tales como los Trabajadores Sociales, Odontólogos, Farmacéuticos y Veterinarios y los Técnicos de Salud Pública.

6. Señale cuál de las siguientes no es una de las características de la Atención Primaria de Salud:

a) Se establecen nuevos servicios como la cita previa programada, Historia Clínica familiar e individual, Consultas de Enfermería, Consultas del «niño sano», Servicios de Información al Usuario, etc.
b) Surge una nueva concepción de la asistencia sanitaria, individual y colectiva, en la que no sólo se curan individuos enfermos sino que se promociona la salud y se educan individuos sanos.
c) Desaparecen antiguas áreas asistenciales tales como Salud laboral, Salud Mental, Asistencia social, Enfermos crónicos, etc.
d) Se crea una nueva sectorización del territorio, las Zonas Básicas de Salud.

7. Uno de los objetivos de la Atención Primaria de Salud es:

a) La promoción de la salud, prevención de la enfermedad y asistencia curativa.
b) La educación sanitaria de la población.
c) La planificación, organización y dirección y evaluación de los servicios sanitarios.
d) Todas las respuestas son correctas.

8. Uno de los objetivos de la Atención Primaria de Salud es:

a) La integración de la actividad sanitaria asistencial y la preventiva.
b) La elevación del nivel de calidad del sistema de salud, y del grado de satisfacción de usuarios y profesionales.
c) El diagnóstico continuado de la salud de la Zona.
d) Todas las respuestas son correctas.

9. ¿En qué se diferencia la Atención Especializada de la Atención Primaria?

a) En que la Atención Especializada se presta en régimen ambulatorio y la Atención Primaria no.

b) En que la Atención Especializada se presta en régimen de urgencias y la Atención Primaria no.

c) En que solo la Atención Especializada ofrece la asistencia en régimen de internamiento.

d) Todas las respuestas son correctas.

10. ¿Cuál es la estructura física fundamental de la Atención Especializada?

a) El Centro de Salud.

b) El Ambulatorio.

c) El Consultorio.

d) El Hospital.

11. Uno de los objetivos de la Atención Especializada es:

a) Prestar asistencia ambulatoria especializada.

b) Posibilitar la hospitalización de los pacientes que lo precisen.

c) Poner sus Centros e Instituciones a disposición de la investigación y docencia en materia de salud.

d) Todas las respuestas son correctas.

12. ¿Cuál de las siguientes no es una ventaja de trabajar con un modelo de enfermería?

a) La valoración se hace sobre la base de los signos y síntomas.

b) La atención prestada es integral.

c) Permite llevar a cabo todo el proceso de atención de enfermería.

d) La valoración se hace sobre la base de respuestas humanas.

13. Se considera matriarca de la enfermería a:

a) Virginia Henderson.

b) Nancy Roper.

c) Dorotea Orem.

d) Florence Nightingale.

14. ¿Cuál de las siguientes autoras pertenece al modelo de relaciones interpersonales?

a) Nancy Roper.

b) Callista Roy.

c) Orlando.

d) Virginia Henderson.

15. ¿A qué modelo de enfermería pertenece Hildegarde Peplau?

a) Modelos de sistemas.

b) Modelos de autocuidados.

c) Modelos interaccionistas.

d) Modelos naturistas.

16. ¿Cuál de las siguientes son necesidades básicas del paciente, según Virginia Henderson?

a) Realizar prácticas religiosas según la fe de cada uno.
b) Eludir los riesgos del entorno y evitar lesionar a otros.
c) Moverse y mantener la posición deseada.
d) Todas son correctas.

17. La meta de Virginia Henderson es:

a) La adaptación del paciente.
b) El máximo grado de crecimiento personal del paciente.
c) Identificar las necesidades del paciente.
d) La independencia del paciente.

18. ¿Qué autora señala tres niveles en la relación enfermera-paciente?

a) Virginia Henderson.
b) Travelbee.
c) Orlando.
d) Hildegarde Peplau.

19. Según Dorotea Orem, la función de enfermería es:

a) Apreciar las necesidades básicas humanas.
b) Facilitar atención para influir de alguna forma sobre el paciente con el fin de que este evolucione y llegue a conseguir un óptimo nivel de autocuidado.
c) Diagnosticar y tratar si la situación lo exige.
d) Ayudar a las personas sanas y enfermas.

20. Según Dorotea Orem, el Sistema en el que enfermera y paciente realizan medidas de asistencia y otras actividades manipulativas o de deambulación, se denomina:

a) Sistema de enfermería educativo.
b) Sistema de enfermería parcialmente compensador.
c) Sistema de enfermería totalmente compensador.
d) Sistema de apoyo.

Solución al test n.º 2

1. b) A un nivel no básico sino especializado.

2. c) La Atención Primaria se desarrolla al principio de la década de los sesenta, como una reacción en contra del sistema sanitario básicamente hospitalario y curativo, especializado, costoso, tecnificado, y alejado del individuo.

3. d) En Alma-Ata.

4. a) El 12 de septiembre de 1978.

5. d) Se crean nuevos profesionales que se incorporan, tales como los Trabajadores Sociales, Odontólogos, Farmacéuticos y Veterinarios y los Técnicos de Salud Pública.

6. c) Desaparecen antiguas áreas asistenciales tales como Salud laboral, Salud Mental, Asistencia social, Enfermos crónicos, etc.

7. d) Todas las respuestas son correctas.

8. d) Todas las respuestas son correctas.

9. c) En que sólo la Atención Especializada ofrece la asistencia en régimen de internamiento.

10. d) El Hospital.

11. d) Todas las respuestas son correctas.

12. a) La valoración se hace sobre la base de los signos y síntomas.

13. d) Florence Nightingale.

14. c) Orlando.

15. c) Modelos interaccionistas.

16. d) Todas son correctas.

17. d) La independencia del paciente.

18. a) Virginia Henderson.

19. b) Facilitar atención para influir de alguna forma sobre el paciente con el fin de que este evolucione y llegue a conseguir un óptimo nivel de autocuidado.

20. b) Sistema de enfermería parcialmente compensador.

TEST N.º 3

**Documentación sanitaria: clínica y no clínica.
Sistemas de información: generalidades. Servicio de admisión
y atención al usuario: funcionamiento. El consentimiento
informado: concepto. Principios fundamentales de la bioética:
dilemas éticos. El secreto profesional:
concepto y regulación jurídica**

1. ¿Cada cuánto tiempo generalmente se deben actualizar las órdenes de tratamientos?

a) Cada día.
b) Cada tres días.
c) Cada semana.
d) Cada mes.

2. ¿En qué hoja operatoria se hace constar las peticiones al banco de sangre, radiodiagnóstico, los envíos a anatomía patológica, etc.?

a) Hoja de enfermería.
b) Hoja de intervención quirúrgica.
c) Hoja de anestesia.
d) Hoja de diagnóstico.

3. En los registros de actividades y codificación a nivel sanitario, se podrá incluir los datos siguientes, excepto:

a) Código postal del domicilio habitual del paciente.
b) Número de Historia clínica del enfermo.
c) Orientación sexual del paciente.
d) Se podrá incluir todo.

4. El consumo de alcohol, como hábito tóxico, se debe expresar en la Historia Clínica como:

a) Centímetros cúbicos de alcohol al día.
b) Volumen total de etanol en una semana.
c) Gramos de etanol al día.
d) Masa total de alcohol en una semana.

5. ¿Dónde suele emplearse el orden alfabético en la ordenación de Historias Clínicas de pacientes?

a) En el medio rural.
b) En el medio urbano.
c) En países árabes.
d) En algunas Comunidades Autónomas, por considerarse algo tradicional.

6. ¿Qué función no posee el Servicio de Admisión de ingresos de un hospital?

a) La gestión de las camas de hospitalización, según la ordenación establecida por la Dirección del Hospital.
b) Identificación de los pacientes, y control y autorización de traslados.
c) La de informar al usuario/paciente, así como de atender y garantizar la tramitación de las reclamaciones que se puedan producir.
d) Identificación de los pacientes.

7. Si un paciente ingresado en el hospital, requiere ser trasladado del Servicio de Medicina Interna al Servicio de Radiología, para la realización de exámenes, ¿quién autorizará de forma operativa dicho traslado?

a) El Servicio de Medicina Interna.
b) El Servicio de Radiología.
c) El Servicio de Admisión.
d) No requiere de concesión o autorización alguna, el celador lo llevará donde lo requiera el facultativo.

8. ¿Qué bienes de los pacientes/usuarios se custodian en la práctica generalmente?

a) Todos aquellos de los pacientes ingresados en la UCI.
b) Todos aquellos de los pacientes ingresados por Urgencias.
c) Todos aquellos de los pacientes ingresados en consultas externas.
d) Todos aquellos de los pacientes ingresados en habitaciones dentro de los servicios de un hospital.

9. ¿Dónde se llevará a cabo la custodia o depósito de pertenencias del usuario/ paciente dentro de un hospital?

a) En el Servicio de Atención al Paciente.
b) En la Unidad de Admisión.
c) En la Unidad de Altas.
d) En la Unidad de Mantenimientos y movimientos de Pacientes en el Hospital.

10. ¿Cómo se elaborará el censo de camas ocupadas en un hospital?

a) Valorando las que podrían ocuparse en un día, menos las que se ocupan realmente.
b) Restando al número de camas totales de un hospital, las que están disponibles en ese día.
c) Restando al número de camas disponibles de un hospital, las que están ocupadas en ese día.
d) Restando al número de camas ocupadas, las que están disponibles en ese día.

11. ¿Qué fundamento ético es aquel que exige que todas las personas sean tratadas con el mismo respeto y consideración en el orden social?

a) Justicia.
b) No maleficencia.
c) Autonomía.
d) Beneficencia.

12. El consentimiento informado (aceptación):

a) Culmina siempre con la aceptación del paciente a un procedimiento diagnóstico o terapéutico.
b) Culmina con la aceptación/negación del paciente a un procedimiento diagnóstico o terapéutico.
c) Se contempla como un proceso de transmisión de responsabilidades hacia el paciente.
d) Debe constar siempre por escrito.

13. Si un paciente se niega a firmar el Consentimiento Informado:

a) El médico especialista tiene el deber de ejercer la presión necesaria para que cambie de opinión, ya que es lo mejor para su salud.
b) Se le debe instar a firmar su "no autorización" y el alta voluntaria.
c) El enfermo tiene la obligación de revelar por escrito las causas que le llevan a tomar esta decisión.
d) El enfermo no puede negarse, bajo ningún concepto.

14. El derecho de toda persona a que se respete el carácter confidencial de los datos referentes a su salud, se trata del derecho a:

a) La salud.
b) La intimidad.
c) La autonomía.
d) La vida.

15. Según normativa, ¿quién es el titular de derecho a la información asistencial?

a) Exclusivamente el paciente.
b) El paciente y sus familiares.
c) El paciente, sus familiares y si lo hubiese el tutor legal o responsable.
d) El paciente y su cónyuge exclusivamente.

16. ¿Hasta qué momento máximo de la gestación se podrá interrumpir el embarazo a petición de la embarazada, siempre que concurran los requisitos que indica la ley?

a) Hasta la 8.ª semana de gestación.
b) Hasta la 12.ª semana de gestación.
c) Hasta la 14.ª semana de gestación.
d) Hasta la 22.ª semana de gestación.

17. ¿Cómo se denomina la omisión planificada de los cuidados que facilita la muerte del paciente, que seguramente si estos se dieran prolongarían la vida del enfermo?

a) Distanasia.
b) Eutanasia activa.
c) Ortotanasia.
d) Eutanasia pasiva.

18. ¿Qué documento es necesario que se expida tras un óbito para acreditar de forma fehaciente el fallecimiento de su causante y se envía inmediatamente al Registro Civil?

a) Certificado de defunción.
b) Certificado de últimas voluntades.
c) Testamento vital.
d) Certificado de autopsia.

19. ¿Qué define la eutanasia pasiva según el contexto de la eutanasia?

a) Administración de medicamentos letales.
b) Retiro de soporte vital.

c) Aplicación de cuidados paliativos.
d) Todas las anteriores.

20. Según la ley, ¿cómo se debe certificar la muerte?

a) Testimonio de un familiar.
b) Diagnóstico de un médico.
c) Confirmación del cese irreversible de las funciones vitales.
d) Reporte policial.

En MADTEST tienes **más preguntas de este tema**, y todos tus avances quedan registrados y se reflejan en el ranking.

¡Supera tus límites con MADTEST!

Solución al test n.º 3

1. a) Cada día.

2. a) Hoja de enfermería.

3. c) Orientación sexual del paciente.

4. c) Gramos de etanol al día.

5. a) En el medio rural.

6. c) La de informar al usuario/paciente, así como de atender y garantizar la tramitación de las reclamaciones que se puedan producir.

7. c) El Servicio de Admisión.

8. b) Todos aquellos de los pacientes ingresados por Urgencias.

9. b) En la Unidad de Admisión.

10. b) Restando al número de camas totales de un hospital, las que están disponibles en ese día.

11. a) Justicia.

12. b) Culmina con la aceptación/negación del paciente a un procedimiento diagnóstico o terapéutico.

13. b) Se le debe instar a firmar su "no autorización" y el alta voluntaria.

14. b) La intimidad.

15. a) Exclusivamente el paciente.

16. c) Hasta la 14.ª semana de gestación.

17. d) Eutanasia pasiva.

18. a) Certificado de defunción.

19. b) Retiro de soporte vital.

20. c) Confirmación del cese irreversible de las funciones vitales.

**Prevención y promoción de la salud: concepto.
Detección precoz de problemas de salud: concepto.
Prevención de accidentes en el paciente. Inmunizaciones:
concepto. Vacunas: tipos, conservación y almacenamiento.
Educación para la salud: concepto y técnicas didácticas**

1. Las estrategias a seguir para la promoción de salud según la conferencia de Ottawa:

a) Incluyen políticas saludables.
b) Incluyen entornos saludables y el desarrollo de habilidades.
d) Los profesionales tienen que cambiar de visión.
d) Todas son correctas.

2. Un programa de información sobre accidentes en la juventud es:

a) Prevención Primaria.
b) Prevención Secundaria.
c) Prevención Terciaría.
d) Todas son correctas.

3. La carta de Ottawa estableció, como acciones específicas de promoción de la salud:

a) Abogar a favor de la salud.
b) Capacitar a los individuos para que elijan las opciones más saludables.
c) Mediar a favor de la salud entre intereses divergentes.
d) Todo lo anterior.

4. La carta de Ottawa estableció, como líneas de actuación en promoción de la salud:

a) Desarrollo de políticas públicas de salud.
b) Creación de entornos saludables.
c) Apoyo de la acción comunitaria y desarrollo de habilidades de salud individuales.
d) Todo lo anterior.

5. La clasificación de las diferentes actividades preventivas en prevención primaria, secundaria y terciaria se realiza en función de:

a) La historia natural de la enfermedad.
b) El tipo de acción a desarrollar.
c) La edad y sexo de los sujetos receptores.
d) El tipo de problemas o patología a prevenir.

6. En los niveles de prevención, la denominada prevención secundaria consiste en:

a) El abordaje de la enfermedad aun incipiente, por medio de su diagnóstico precoz y la corrección temprana de las desviaciones del estado de salud.
b) Eliminar la posibilidad de enfermar al suprimir los factores causantes de la enfermedad antes de que esta se inicie.
c) Prevenir las secuelas de la enfermedad que ha consumado su evolución, obteniendo los mayores rendimientos de las capacidades residuales que le quedan al paciente.
d) Mejorar las capacidades dejadas por la enfermedad.

7. La rehabilitación es:

a) Promoción de salud.
b) Prevención primaria de salud.
c) Prevención secundaria de salud.
d) Prevención terciaria de salud.

8. Respecto a la prevención, señala lo falso:

a) La prevención primaria persigue disminuir la probabilidad de aparición de afecciones y enfermedades.
b) La prevención secundaria busca la interrupción o enlentecimiento de la progresión de la enfermedad.
c) La prevención primaria incluye la rehabilitación precoz.
d) La prevención primaria puede disminuir la incidencia de la enfermedad.

9. ¿En qué nivel de prevención nos situamos para hablar de screening?

a) Nivel de carácter individual.
b) Prevención secundaria.
c) Prevención terciaria.
d) Ninguna de las anteriores.

10. La vacunación en general es un caso de:

a) Prevención primaria de salud.
b) Prevención secundaria de salud.
c) Prevención terciaria de salud.
d) Ninguna de las anteriores.

11. ¿Qué elemento de la comunicación no verbal habla del estado emocional del individuo?

a) Apariencia física.
b) Escucha activa.
c) Expresiones de la cara.
d) Movimientos y sintonía.

12. ¿Qué gesto es mesarse los cabellos?

a) Adaptador.
b) Ilustrador.
c) Regulador.
d) Emblema.

13. ¿Cuál es el instrumento más usado por los profesionales de la Salud para dirigirse a grupos?

a) La entrevista clínica.
b) La clase.
c) La charla educativa.
d) La tertulia.

14. ¿Qué ventaja poseen los folletos?

a) El mensaje siempre permanece.
b) Es difícil repartirlos, ya que los puntos de distribución son muy numerosos.
c) Solo son válidos para personas que saben leer.
d) El mantenimiento y la reposición de material deben ser tarea conjunta de muchas personas.

15. ¿Qué método de Educación para la Salud es aquel que en el momento de realizarse, al mismo tiempo que se actúa se explica lo que se hace con la pretensión de enseñar?

a) Técnica 66 (Phillips 66).
b) Panel.
c) Demostración.
d) Seminario.

16. ¿Cuántos suelen ser los miembros de un panel de discusión para una audiencia?

a) 1-2.
b) 2-4.
c) 4-7.
d) Más de 10.

17. ¿Cómo se llama la herramienta que tiene como fin primordial mejorar la salud del paciente, procurando, como objetivo intermedio, cuidar al profesional, es decir, proporcionar a los pacientes la oportunidad de trabajar en sí mismos con miras a lograr mayores recursos y satisfacción personal y como miembros de la sociedad?

a) Técnica 66.
b) Psicodrama.
c) Sociodrama.
d) *Counselling*.

18. ¿Qué habilidades que se requieren para la aplicación óptima del *counselling*, permiten la relación interpersonal y, a través de ellas, abordar las emociones de los pacientes y estimular los cambios de conducta?

a) Habilidades emocionales.
b) Habilidades de motivación para el cambio de conducta.
c) Habilidades de comunicación.
d) Habilidades de sensatez y sentido común.

19. ¿Qué permite la adopción de tecnologías digitales en la educación para la salud?

a) Menor interacción entre pacientes y profesionales de la salud.
b) Disminución de la autonomía del paciente en la gestión de su salud.
c) Aumento del compromiso de los pacientes en su propio cuidado.
d) Limitación en el acceso a la atención sanitaria.

20. ¿Qué nuevo papel están asumiendo las enfermeras de práctica avanzada en el sistema de salud?

a) Solamente en funciones de cuidado directo al paciente.
b) Reducción de responsabilidades clínicas y aumento de tareas administrativas.
c) Roles de liderazgo en investigación y formulación de políticas de salud.
d) Exclusivamente en la educación de nuevos profesionales.

En MADTEST tienes **más preguntas de este tema**, y todos tus avances quedan registrados y se reflejan en el ranking.

¡Supera tus límites con MADTEST!

Solución al test n.º 4

1. d) Todas son correctas.

2. a) Prevención Primaria.

3. d) Todo lo anterior.

4. d) Todo lo anterior.

5. a) La historia natural de la enfermedad.

6. a) El abordaje de la enfermedad aun incipiente, por medio de su diagnóstico precoz y la corrección temprana de las desviaciones del estado de salud.

7. d) Prevención terciaria de salud.

8. c) La prevención primaria incluye la rehabilitación precoz.

9. b) Prevención secundaria.

10. a) Prevención primaria de salud.

11. c) Expresiones de la cara.

12. a) Adaptador.

13. c) La charla educativa.

14. a) El mensaje siempre permanece.

15. c) Demostración.

16. c) 4-7.

17. d) Counselling.

18. c) Habilidades de comunicación.

19. c) Aumento del compromiso de los pacientes en su propio cuidado.

20. c) Roles de liderazgo en investigación y formulación de políticas de salud.

TEST N.º 5

Habilidades de comunicación y relación interpersonal. Apoyo y ayuda al/a la paciente y familia. Trabajo en equipo

1. Al individuo que habla, gesticula, escribe, pinta, etc., en la comunicación, se le denomina:

a) Mensajero.
b) Fuente.
c) Receptor.
d) Destino.

2. ¿Cómo se denomina la comunicación en que se emite un mensaje por parte del emisor que llega al receptor, consiguiendo que este ejecute una tarea o una función?

a) Comunicación Horizontal.
b) Comunicación Diagonal.
c) Comunicación Vertical.
d) Comunicación Triangular.

3. ¿A qué se denomina el método que permite a una persona hacer comprensible a otra cualquier idea o hecho que se le quiere transmitir?

a) Comunicación.
b) Transmisión.
c) Explicación o charla.
d) Transferencia.

4. ¿Qué barrera del lenguaje se da por discapacidad física?

a) Neurosis.
b) Alteraciones de la memoria.
c) Ceguera.
d) Psicosis.

5. ¿Cuál es el objetivo en la relación interpersonal celador/paciente/familiar?

a) La salud.
b) La eficiencia profesional.
c) La ayuda.
d) La eficacia profesional.

6. ¿Qué término se aplica cuando en una relación interpersonal no se consigue lo que se esperaba?

a) Enojo.
b) Frustración.
c) Agresividad.
d) Deserción.

7. ¿En qué pilares ha de basarse la relación interpersonal?

a) Compromiso, objetivo común y desinterés.
b) Sinceridad, confianza y respeto.
c) Cooperación, dominación y aislamiento.
d) Confianza, creatividad, compromisos renovados y respeto mutuo.

8. ¿Cómo se denomina aquella habilidad personal que nos permite expresar sentimientos, opiniones y pensamientos, en el momento oportuno, de la forma adecuada, sin negar ni desconsiderar los derechos de los demás?

a) Compromiso.
b) Empatía.
c) Simpatía.
d) Asertividad.

9. El funcionamiento objetivo de un equipo de trabajo debe reunir todas estas características excepto:

a) Determinación del fin a obtener de modo transparente.
b) El fin a obtener debe ser conocido por todos sus miembros.
c) Descripción de soluciones mediante la utilización de las sugerencias y soluciones expuestas por los miembros.
d) Ejecución del objetivo, exclusivamente a través del líder o superior.

10. ¿Qué es falso de estas afirmaciones?

a) Un grupo de personas es siempre un equipo de trabajo.
b) Un equipo de trabajo está formado siempre por un grupo de personas.
c) Un equipo es un grupo de personas que se organiza para realizar una actividad con un objetivo preciso.
d) Grupo y equipo son dos conceptos diferentes.

11. ¿Qué se define como la integración de elementos que da como resultado algo más grande que la simple suma de estos?

a) Antagonismo.
b) Coordinación.
c) Indiferencia.
d) Sinergia.

12. El compromiso en un trabajo en equipo es:

a) Cuando cada miembro asume voluntariamente el hecho de aportar lo mejor de sí mismo, para conseguir los objetivos del grupo y de la organización en general.
b) La necesidad de poder coordinar las distintas actuaciones individuales.
c) La interdependencia positiva entre las personas participantes en un equipo.
d) Todo lo anterior es falso.

13. ¿Cuál es la cifra recomendada en cuanto a número de miembros en los equipos de salud?

a) De aproximadamente 5.
b) De aproximadamente 10.
c) De aproximadamente 15.
d) De aproximadamente 20.

14. ¿En qué etapa de la puesta en marcha de un equipo de trabajo se superan generalmente los enfrentamientos personales y el proyecto comienza a salir adelante?

a) En la etapa de inicio.
b) En la etapa de madurez.
c) En la etapa de acoplamiento.
d) En la etapa de primeras dificultades.

15. ¿Qué rol de estos consideras que es funcional de producción en un equipo de trabajo?

a) El crítico.
b) El iniciador.
c) El pícaro.
d) El negativo.

16. ¿Cómo se denomina a aquel sujeto *con capacidad para formar, orientar y dar criterio a un determinado grupo de auxiliares, en una institución sanitaria*?

a) Líder.
b) Intelectual.
c) Asertivo.
d) Prolíder.

17. ¿Qué función de un líder de un grupo multidisciplinario no es adecuada?

a) Hacer que marche y funcione sin más la organización.
b) Ordenar y controlar los conflictos internos.
c) Imbuir el espíritu del grupo.
d) Definir la misión y el papel del grupo.

18. ¿Qué estilo de comunicación favorece la cooperación y evita la confrontación?

a) Comunicación agresiva.
b) Comunicación pasiva.
c) Comunicación asertiva.
d) Comunicación manipulativa.

19. En el proceso de comunicación, ¿cuál es el principal obstáculo cuando el técnico utiliza un lenguaje que el paciente no puede descodificar?

a) Terminología científica.
b) Expresión no verbal.
c) Flujo de información excesivo.
d) Interferencias psicológicas.

20. ¿Cuál de los siguientes no es un componente de la actitud según la psicología social?

a) Componente cognoscitivo.
b) Componente afectivo.
c) Componente motivacional.
d) Componente conductual.

Solución al test n.º 5

1. b) Fuente.

2. a) Comunicación Horizontal.

3. c) Explicación o charla.

4. c) Ceguera.

5. c) La ayuda.

6. b) Frustración.

7. b) Sinceridad, confianza y respeto.

8. d) Asertividad.

9. d) Ejecución del objetivo, exclusivamente a través del líder o superior.

10. a) Un grupo de personas es siempre un equipo de trabajo.

11. d) Sinergia.

12. a) Cuando cada miembro asume voluntariamente el hecho de aportar lo mejor de sí mismo, para conseguir los objetivos del grupo y de la organización en general.

13. b) De aproximadamente 10.

14. c) En la etapa de acoplamiento.

15. b) El iniciador.

16. a) Líder.

17. a) Hacer que marche y funcione sin más la organización.

18. c) Comunicación asertiva.

19. a) Terminología científica.

20. c) Componente motivacional.

TEST N.º 6

Nociones básicas de informática: concepto del procesador de textos, bases de datos y correo electrónico. Intranet: concepto

1. Con 10 bits, ¿cuántos números distintos puedo representar?

a) 210.
b) 10.
c) 2x10.
d) 1010.

2. ¿Qué número decimal es el 1110 en base 2?

a) 15.
b) 16.
c) 14.
d) 13.

3. ¿Qué parte del ordenador interpreta las instrucciones almacenadas en memoria principal?

a) La unidad de control.
b) El acumulador.
c) El contador de programa.
d) La ALU.

4. ¿Cuál es la memoria más rápida en un ordenador?

a) Memoria principal.
b) Disco duro.
c) Memoria caché.
d) Registros de la CPU.

5. En un disco duro, una circunferencia dentro de una cara se denomina:

a) Cilindro.
b) Sector.

c) Clúster.
d) Pista.

6. Las palabras se codifican en el ordenador en:

a) Código complemento 1.
b) Código complemento 2.
c) Código ASCII.
d) Código decimal.

7. El teclado forma parte de la fase:

a) De procesamiento.
b) De entrada.
c) De salida.
d) De ninguna de las anteriores.

8. Las líneas que comunican las distintas partes de un ordenador se denominan:

a) Pistas.
b) Cilindros.
c) Buses.
d) ALU.

9. ¿Quién interpreta las instrucciones de un programa?

a) ALU.
b) CPU.
c) Registros.
d) Memoria principal.

10. ¿En qué parte de la CPU se guarda información?

a) ALU.
b) Memoria principal.
c) Unidad de control.
d) Registros.

11. La velocidad de la CPU se mide en:

a) Segundos.
b) Minutos.
c) Hercios.
d) Milisegundos.

12. ¿Qué memoria es más rápida?

a) Disco duro.
b) Registros de la CPU.
c) Memoria caché.
d) CD.

13. Las memorias USB son:

a) Memorias magnéticas.
b) Memorias ópticas.
c) Memorias flash.
d) Memorias ROM.

14. El conjunto de las pistas alienadas verticalmente en un disco duro se denominan:

a) Sector.
b) Cilindro.
c) Cabezal.
d) Sector.

15. Los discos duros SATA están sustituyendo a:

a) Discos duros IDE.
b) Memorias USB.
c) Disco duros DATA.
d) Memoria principal.

16. ¿Qué tipo de CD solo es de lectura?

a) CD-ROM.
b) CD-R.
c) CD-RW.
d) CD-DA.

17. La resolución de los monitores actuales se miden en:

a) Líneas.
b) Columnas
c) Píxeles.
d) Bytes.

18. Habitualmente el monitor se conecta en el puerto:

a) USB.
b) Serie.

c) Paralelo.
d) VGA.

19. En los ordenadores actuales el ratón se conecta en el puerto:

a) USB.
b) Serie.
c) Paralelo.
d) VGA.

20. ¿En qué puerto se conecta una impresora que quiere ser compartida en red?

a) USB.
b) Ethernet.
c) Paralelo.
d) VGA.

En MADTEST tienes **más preguntas de este tema**, y todos tus avances quedan registrados y se reflejan en el ranking.

¡Supera tus límites con MADTEST!

1. a) 210.

2. c) 14.

3. a) La unidad de control.

4. d) Registros de la CPU.

5. d) Pista.

6. c) Código ASCII.

7. b) De entrada.

8. c) Buses.

9. b) CPU.

10. d) Registros.

11. c) Hercios.

12. b) Registros de la CPU.

13. c) Memorias flash.

14. b) Cilindro.

15. a) Discos duros IDE.

16. a) CD-ROM.

17. c) Píxeles.

18. d) VGA.

19. a) USB.

20. b) Ethernet.

TEST N.º 7

**Necesidades de higiene en el/la neonato/a y adulto/a.
Concepto. Higiene general y parcial: de la piel y capilar.
Técnica de higiene del/de la paciente encamado/a: total y parcial.
Técnica de baño asistido**

1. ¿Qué elemento o elementos anatómicos de estos no pertenece al sistema tegumentario?

a) Piel.
b) Pelos.
c) Uñas.
d) Cartílagos.

2. El tejido celular subcutáneo de la piel se denomina:

a) Dermis.
b) Hipodermis.
c) Epidermis.
d) Tejido de Malpighio.

3. ¿Dónde no hay glándulas sebáceas?

a) En axilas.
b) En plantas del pie y palmas de las manos.
c) En cuero cabelludo.
d) En cara.

4. ¿Cómo se denomina la parte de las uñas que se observa en sus zonas proximales en forma de zona blanquecina semicircular?

a) Cutícula.
b) Lúnula.
c) Bulbo.
d) Médula.

5. ¿Cómo se denomina la lesión primaria de la piel, elevada, circunscrita, infiltrada, producida por inflamación crónica y que deja cicatriz cuando resuelve?

a) Tubérculo.
b) Roncha.
c) Habón.
d) Vesícula.

6. ¿Qué lesión elemental primaria de la piel es aquella que se manifiesta sobreelevada y de contenido sólido, inferior a 1 cm de diámetro?

a) Pápula.
b) Mácula.
c) Púrpura.
d) Ampolla.

7. ¿Qué lesión secundaria y elemental de la piel es producida por desecación de exudados o sangre?

a) Pústula.
b) Escama.
c) Costra.
d) Liquenificación.

8. Una erosión en la piel se define como aquella lesión elemental que se manifiesta como:

a) Una pérdida superficial de la epidermis que cura sin cicatriz.
b) Una solución de continuidad que afecta a epidermis y dermis papilar.
c) Una pérdida de sustancia que afecta a epidermis, dermis y tejido subcutáneo.
d) Una pequeña elevación cutánea parecida a la ampolla pero contiene en su interior pus.

9. ¿Qué dermatosis es muy frecuente en adolescencia (hasta en el 80 %)?

a) Acné.
b) Psoriasis.
c) Vitíligo.
d) Forúnculos.

10. ¿Qué infección de la piel es vírica?

a) Psoriasis.
b) Herpes simple.
c) Forúnculo.
d) Escabiosis.

11. La denominada vulgarmente como "ladilla" la ocasiona:

a) *Pediculis humanus capitis*.
b) *Pediculis humanus corporis*.
c) *Phthirus pubis*.
d) *Pediculis scrotae*.

12. La escabiosis es otra denominación de:

a) La sarna.
b) La pediculosis.
c) La psoriasis.
d) El nevus cutáneo.

13. La afección de la piel conocida como "manchas vino de Oporto" se corresponde a:

a) Nevus azul.
b) Angiomas planos.
c) Angiomas cavernosos.
d) Nevus melanocítico congénito o adquirido.

14. ¿Qué es falso del melanoma?

a) Es un tumor maligno de la piel.
b) Se da más frecuentemente en sujetos de piel oscura o morena intensa, sin necesidad de exponerse al sol.
c) Es un melanoma con poca o nada de pigmentación es un factor de mal pronóstico.
d) Es más frecuentes en mujeres.

15. ¿Qué baño es aquel que, aun conservando la movilidad, el paciente no puede levantarse, por lo que él asume su higiene siendo auxiliado en caso necesario por la enfermera?

a) Baño completo en la cama.
b) Baño en la cama.
c) Baño parcial.
d) Baño kinestésico.

16. ¿Qué elementos o materiales necesarios para el aseo del paciente son de lavado?

a) Hule.
b) Manta de baño.
c) Esponjas y guantes.
d) Cuña.

17. El lavado de cabellos del paciente debe realizarse aproximadamente:

a) Todos los días.
b) Cada tres días.
c) Una vez a la semana.
d) Depende de la suciedad que este tenga.

18. ¿Cuál debe ser la temperatura del agua para el baño, si se realiza la técnica del baño completo en la cama?

a) 180 ºC.
b) 22-24 ºC.
c) 30-32 ºC.
d) 37-40 ºC.

19. ¿En qué posición debe colocarse al paciente para llevar a cabo la higiene del cabello?

a) En posición de Trendelenburg.
b) En posición de Roser o Proetz.
c) En posición de Morestín.
d) En posición de Sims.

20. ¿Qué zona de la uña indica la incógnita de la imagen?

a) Placa ungueal.
b) Lúnula.
c) Eponiquio.
d) Cutícula.

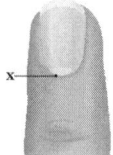

En MADTEST tienes **más preguntas de este tema**, y todos tus avances quedan registrados y se reflejan en el ranking.

¡Supera tus límites con MADTEST!

Solución al test n.º 7

1. d) Cartílagos.

2. b) Hipodermis.

3. b) En plantas del pie y palmas de las manos.

4. b) Lúnula.

5. a) Tubérculo.

6. a) Pápula.

7. c) Costra.

8. a) Una pérdida superficial de la epidermis que cura sin cicatriz.

9. a) Acné.

10. b) Herpes simple.

11. c) *Phthirus pubis*.

12. a) La sarna.

13. b) Angiomas planos.

14. b) Se da más frecuentemente en sujetos de piel oscura o morena intensa, sin necesidad de exponerse al sol.

15. b) Baño en la cama.

16. c) Esponjas y guantes.

17. c) Una vez a la semana.

18. d) 37-40 ºC.

19. b) En posición de Roser o Proetz.

20. c) Eponiquio.

TEST N.º 8

Atención del/de la técnico/a en cuidados auxiliares de enfermería al/a la paciente encamado/a: posición anatómica y alineamiento corporal. Procedimientos de preparación de las camas. Cambios posturales. Drenajes y catéteres: manipulación y cuidado. Técnicas de deambulación. Técnicas de movilización y traslado

1. La temperatura de las habitaciones del hospital debe oscilar entre:

a) 16-18 ºC.
b) 20-22 ºC.
c) 26-28 ºC.
d) 30-32 ºC.

2. ¿Qué mobiliario de la habitación del paciente no es imprescindible?

a) Mesita de noche y armario.
b) Cama.
c) Sofá pequeño.
d) Silla y/o sillón.

3. ¿En cuántos segmentos móviles se divide el somier metálico de la cama articulada?

a) En 2.
b) En 3.
c) En 4.
d) No tiene divisiones.

4. La cama articulada de somier rígido impide al paciente colocarlo en la posición de:

a) Decúbito supino.
b) Decúbito prono.
c) Decúbito lateral.
d) Fowler.

5. El marco triangular de Balkan lo posee la cama:

a) Ortopédica de Judet.
b) Bouchat.
c) De levitación.
d) Electrocircular o de Striker.

6. El denominado potro se emplea para:

a) Encamar a quemados.
b) Exploración ginecológica.
c) Encamar a pacientes con UPP.
d) Encamar a enfermos con grandes traumatismos.

7. El armazón para el volteo Foster se emplea:

a) Para facilitar al paciente la respiración.
b) Para el cambio postural.
c) Evitar infecciones micóticas.
d) Para liberar de estrés al paciente.

8. ¿De qué otra cama es variante la cama libro?

a) De la cama de levitación.
b) De la cama de exploración o potro ginecológico.
c) De la cama articulada.
d) De la cama Striker.

9. La cama roto-rest se emplea en:

a) Prevención de infecciones en general.
b) Prevención de infecciones en quemados.
c) Inmovilización de pacientes.
d) Prevención de úlceras por presión (UPP).

10. ¿Qué dispositivo o accesorio de la cama hospitalaria es aquel que se coloca sobre el enfermo para que la ropa de la cama descanse sobre él y evitar al paciente el peso de la misma?

a) Férula de acero.
b) Centinelas de cama.
c) Pupitre.
d) Soporte.

11. ¿Cómo se llama también la posición de antiTrendelenburg?

a) La posición de litotomía.
b) La posición de Morestin.

c) La posición de Roser.
d) La posición de Sims.

12. La posición mahometana es:

a) La posición de litotomía.
b) La posición de Fowler.
c) La posición de Morestin.
d) La posición genupectoral.

13. ¿Cuál de estas posiciones es quirúrgica?

a) Posición de Fowler.
b) Posición de decúbito supino.
c) Posición de Morestin.
d) Posición de decúbito prono.

14. ¿Cuál de estas posiciones consideras quirúrgica?

a) Posición de Trendelenburg.
b) Posición de decúbito prono.
c) Posición de Fowler.
d) Posición de Sims.

15. La posición de Kraske se emplea en:

a) Pacientes que presenten problemas digestivos con reflujo gastrointestinal, hernias de hiato y enfermedades respiratorias.
b) Pacientes que presenten problemas cardíacos.
c) Cirugía coxígea.
d) Posición antishock.

16. ¿Qué indicaciones son las más frecuentes de las muletas de aluminio?

a) Esguinces.
b) Enfermos tetrapléjicos.
c) Enfermos parapléjicos.
d) Son ciertas las respuestas b) y c).

17. ¿Cuál de estas ayudas es autoestable?

a) Pasamanos.
b) Barras paralelas.
c) Bastones multipodales.
d) Ninguna de las anteriores.

18. ¿Qué define la OMS como la consecuencia de cualquier acontecimiento que precipita al paciente al suelo en contra de su voluntad?

a) Traumatismo.
b) Suicidio.
c) Caída.
d) Accidente.

19. ¿Cómo se denominan los factores de riesgo de caídas que están relacionados con las condiciones generales del propio individuo?

a) Constitucionales.
b) Extrínsecos.
c) Intrínsecos.
d) Precipitantes.

20. ¿Qué es lo primero que hay que hacer ante la realidad de que la caída se ha producido?

a) Evaluación de la misma.
b) Intervenir modificando los elementos desencadenantes.
c) Intervenir modificando los elementos precipitantes.
d) Realizar un croquis de las circunstancias.

En MADTEST tienes **más preguntas de este tema**, y todos tus avances quedan registrados y se reflejan en el ranking.

¡Supera tus límites con MADTEST!

Solución al test n.º 8

1. b) 20-22 ºC.

2. c) Sofá pequeño.

3. b) En 3.

4. d) Fowler.

5. a) Ortopédica de Judet.

6. b) Exploración ginecológica.

7. b) Para el cambio postural.

8. c) De la cama articulada.

9. b) Prevención de infecciones en quemados.

10. a) Férula de acero.

11. b) La posición de Morestin.

12. d) La posición genupectoral.

13. c) Posición de Morestin.

14. a) Posición de Trendelenburg.

15. c) Cirugía coxígea.

16. a) Esguinces.

17. c) Bastones multipodales.

18. c) Caída.

19. c) Intrínsecos.

20. a) Evaluación de la misma.

Atención del/de la técnico/a en cuidados auxiliares de enfermería en la preparación del/de la paciente para la exploración: posiciones anatómicas y materiales médico quirúrgicos de utilización más común. Atención pre y post operatoria

1. ¿Cuál no consideras una razón para llevar a cabo una exploración médica?

a) Reconocimiento laboral y diagnóstico de una enfermedad.
b) Rendimiento físico y examen de aptitudes para acceder a determinadas funciones.
c) Exámenes rutinarios de control.
d) Estar sano y no existir causa que lo justifique.

2. ¿A qué grupos de personas se les realiza algún tipo de exploración médica, al entrar como candidatas de los programas de prevención y despistaje rápido de determinadas patologías?

a) Grupos de personas candidatas.
b) Grupos de personas enfermas.
c) Grupos de personas susceptibles.
d) Grupos de personas de riesgo.

3. ¿Qué tipo de exploración se realiza generalmente en la posición genupectoral?

a) Exploraciones de recto.
b) Exploraciones de mamas.
c) Exploraciones de zona anterior del abdomen y de tórax.
d) Son ciertas las respuestas b) y c).

4. ¿Qué útil se emplea para visualizar radiografías?

a) Estetoscopio.
b) Fibroscopio.

c) Negatoscopio.
d) Oftalmoscopio.

5. ¿Qué material de estos no se requiere para la exploración convencional médico- quirúrgica?

a) Cucharilla de legrado uterino.
b) Diapasón.
c) Compresas.
d) Torunda de algodón.

6. ¿Cómo se denomina aquella parte de la exploración física del paciente que consiste en la observación visual de las modificaciones o alteraciones que puedan apreciarse en la superficie corporal?

a) Palpación.
b) Percusión.
c) Auscultación.
d) Inspección.

7. ¿Qué procedimiento físico a nivel de exploración médica es aquel que consiste en la aplicación del oído sobre la superficie del cuerpo del paciente, para oír los ruidos fisiológicos o patológicos que se producen en el interior del mismo?

a) Percusión.
b) Palpación.
c) Inspección.
d) Auscultación.

8. ¿Qué exploración instrumental de estas es genérica?

a) La realizada mediante oftalmoscopio.
b) La realizada mediante espirometría.
c) La realizada mediante radiología.
d) La realizada mediante otoscopio.

9. ¿Qué exploración instrumental de estas es específica de un órgano, aparato o/y sistema?

a) Ecografía.
b) TAC.
c) Espirometría.
d) Radiografía simple.

10. ¿Cómo se denomina o qué acrónimo se emplea para designar a la exploración instrumental que consiste en el registro gráfico de la actividad bioeléctrica del corazón?

a) EMG.
b) EEG.
c) EKG.
d) EPG.

11. Una intervención de tipo paliativo es aquella:

a) Que fortalece las zonas debilitadas, o pretende volver a unir zonas anatómicas que se encuentran separadas o tiene por objeto corregir deformidades.
b) Que alivia los síntomas de un determinado proceso, sin curar la enfermedad.
c) Que se utiliza para determinar la causa de los síntomas.
d) Que busca mejorar el aspecto físico.

12. ¿Qué función poseerá la intervención quirúrgica que persiga determinar la causa o causas de los síntomas de un proceso morboso?

a) Intervención ablativa.
b) Intervención paliativa.
c) Intervención reparadora.
d) Intervención diagnóstica.

13. ¿Cómo se denomina al período de tiempo que transcurre desde que un paciente va a ser intervenido hasta que es dado de alta en el hospital?

a) Período preoperatorio.
b) Período transoperatorio.
c) Período perioperatorio.
d) Período posoperatorio.

14. ¿Cuál de estas personas con un grupo sanguíneo concreto consideras que es donante universal?

a) Aquella con O^+.
b) Aquella con AB^+.
c) Aquella con O^-.
d) Aquella con B^-.

15. ¿Qué modalidad de sangre se preparará para transfundir a un paciente si la necesitase, en caso de urgencia y sin previa averiguación analítica de su grupo sanguíneo?

a) Del grupo sanguíneo AB (+).
b) Del grupo sanguíneo 0 (-).
c) Del grupo sanguíneo 0 (+).
d) Son ciertas las respuestas b) y c).

16. ¿Qué intervención por el área quirúrgica o campo de intervención se corresponde con la de la imagen?

a) Cirugía perineal.
b) Cirugía abdominal.
c) Cirugía hernia inguinal.
d) Cirugía de bajo vientre.

17. La premedicación se suele administrar habitualmente al paciente antes de la cirugía:

a) 15 a 20 minutos.
b) 25 a 40 minutos.
c) 45 a 75 minutos.
d) 95 a 120 minutos.

18. ¿Qué es falso del bloque quirúrgico?

a) En él trabaja tanto personal sanitario como no sanitario.
b) Suele situarse en una zona del hospital tumultuosa y con tránsito de personas, aunque mal comunicada con el resto de las unidades, para que a ella lleguen nadie más que los interesados.
c) Posee un conjunto de instalaciones acondicionadas y equipadas para poder realizar en ellas las intervenciones quirúrgicas con las mayores garantías.
d) Está funcional y físicamente diferenciado del resto del hospital.

19. Los almacenes para guardar el material quirúrgico, aparatos, sueros, camillas, farmacia en general, etc., existentes en el bloque quirúrgico pertenecen al área:

a) De intercambio.
b) Estéril.
c) Sucia.
d) Limpia.

20. ¿Cómo se denomina la zona del bloque quirúrgico donde se requiere de uniforme quirúrgico, calzas o zuecos quirúrgicos, gorro, y uso de mascarilla obligatorio?

a) Zona sin limitación de acceso.
b) Zona semilimitada.
c) Zona limitada.
d) Zona prohibida.

En MADTEST tienes **más preguntas de este tema**, y todos tus avances quedan registrados y se reflejan en el ranking.

¡Supera tus límites con MADTEST!

Solución al test n.º 9

1. d) Estar sano y no existir causa que lo justifique.

2. d) Grupos de personas de riesgo.

3. a) Exploraciones de recto.

4. c) Negatoscopio.

5. a) Cucharilla de legrado uterino.

6. d) Inspección.

7. d) Auscultación.

8. c) La realizada mediante radiología.

9. c) Espirometría.

10. c) EKG.

11. b) Que alivia los síntomas de un determinado proceso, sin curar la enfermedad.

12. d) Intervención diagnóstica.

13. c) Período perioperatorio.

14. c) Aquella con O⁻.

15. b) Del grupo sanguíneo 0 (-).

16. b) Cirugía abdominal.

17. c) 45 a 75 minutos.

18. b) Suele situarse en una zona del hospital tumultuosa y con tránsito de personas, aunque mal comunicada con el resto de las unidades, para que a ella lleguen nadie más que los interesados.

19. a) De intercambio.

20. c) Zona limitada.

Constantes vitales: concepto. Procedimiento de toma de constantes vitales. Gráficas y registros. Balance hídrico

1. ¿En la toma de qué constante vital no hay que avisar al enfermo acerca de lo que se le va a hacer?

a) Temperatura.
b) Pulso.
c) Respiración.
d) Tensión arterial.

2. ¿Qué afirmación es incorrecta de las acciones a seguir por el TCAE, cuando se observa alguna cuestión fuera de lo normal en la toma de constantes vitales?

a) Nunca debe dejar registrado su nombre en la hoja de incidencias de enfermería pero siempre el del paciente.
b) Debe dejar constancia por escrito en la hoja de incidencias de enfermería de todo aquello que sea considerado como fuera de lo normal.
c) Debe informar objetivamente al enfermero/a responsable del paciente de todo aquello que sea considerado como fuera de lo normal.
d) Debe dejar por escrito en la hoja de incidencias de enfermería la hora a la que se ha realizado la observación y el día que ha ocurrido, así como cuál ha sido su actuación ante aquello considerado como fuera de lo normal.

3. En el área de pediatría y urgencias en hospitales se está implantando el termómetro de:

a) Columna de mercurio.
b) Columna de galio.
c) Cristal de mercurio.
d) Sensor timpánico.

4. La temperatura bucal se puede tomar en:

a) Niños menores de 6 años.
b) Pacientes en coma.

c) Pacientes con agitación psicomotriz.
d) Niños mayores de 6 años.

5. Existe taquicardia por encima de:

a) 75 pulsaciones/minuto.
b) 85 pulsaciones/minuto.
c) 95 pulsaciones/minuto.
d) 100 pulsaciones/minuto.

6. ¿Cómo se denomina aquel pulso que se percibe con facilidad y que produce gran amplitud en el vaso que se palpa?

a) Fuerte.
b) Pleno.
c) Rebotante.
d) Filiforme.

7. El pulso central o apical se toma:

a) En la punta del corazón.
b) En la zona central del muslo.
c) En el cuello (es sinónimo del yugular).
d) En la zona central del brazo.

8. ¿Cuál de estas consideras una razón sustancial y etiopatogénica para tomar el pulso?

a) Para valorar la frecuencia, el ritmo, el volumen y la tensión del pulso, que pueden reflejar un problema general.
b) Para identificar a un sujeto.
c) Para valorar el estado de salud del sujeto.
d) Para conocer la edad del individuo.

9. ¿Cuál de estas es considerada una posición adecuada para tomar el pulso?

a) Posición de bipedestación.
b) Posición de sentado.
c) Posición de decúbito prono.
d) Son válidas las respuestas a) y b).

10. La ausencia de respiración se denomina:

a) Apnea.
b) Hipernea.

c) Ortopnea.
d) Ripnea.

11. La serie de respiraciones irregulares en profundidad, interrumpidas por intervalos de apnea se denomina respiración de:

a) Biot.
b) Bouchut.
c) Kussmaul.
d) Cheyne-Stokes.

12. ¿En qué tipo de gráficas existe un apartado también para la medicación?

a) En Gráficas mensuales.
b) En Gráficas semanales.
c) En Gráficas ordinarias.
d) En Gráficas especiales.

13. En ausencia de patología, en el ritmo respiratorio normal la fase inspiratoria es más corta que la espiratoria en una proporción:

a) 2:1.
b) 3:1.
c) 4:1.
d) 5:1.

14. En un adulto joven y sano la presión sistólica es de:

a) 180 mmHg.
b) 155 mmHg.
c) 130 mmHg.
d) 100 mmHg.

15. La temperatura ambiente a la hora de tomar la tensión arterial debe estar sobre los:

a) 10 ºC.
b) 22 ºC.
c) 30 ºC.
d) 35 ºC.

16. La hipotensión postural se denomina también:

a) Idiopática.
b) Esencial.
c) Ortostática.
d) Paradójica.

17. Los valores normales para la vena cava de PVC es de:

a) 0 y 4 cm de H_2O.
b) 2 y 6 cm de H_2O.
c) 6 y 12 cm de H_2O.
d) 14 a 20 cm de H_2O.

18. ¿Cuál es el componte más importante del cuerpo humano?

a) El sodio.
b) El postasio.
c) El agua.
d) La sal.

19. El espacio situado entre las células se denomina espacio:

a) Extracelular.
b) Intracelular.
c) Intersticial.
d) Intravascular.

20. ¿Cuál es el catión más abundante en el espacio intracelular?

a) Sodio.
b) Hidrógeno.
c) Potasio.
d) Cloruro.

En MADTEST tienes **más preguntas de este tema**, y todos tus avances quedan registrados y se reflejan en el ranking.

¡Supera tus límites con MADTEST!

Solución al test n.º 10

1. c) Respiración.

2. a) Nunca debe dejar registrado su nombre en la hoja de incidencias de enfermería pero siempre el del paciente.

3. d) Sensor timpánico.

4. d) Niños mayores de 6 años.

5. d) 100 pulsaciones/minuto.

6. b) Pleno.

7. a) En la punta del corazón.

8. a) Para valorar la frecuencia, el ritmo, el volumen y la tensión del pulso, que pueden reflejar un problema general.

9. b) Posición de sentado.

10. a) Apnea.

11. a) Biot.

12. d) En Gráficas especiales.

13. b) 3:1.

14. c) 130 mmHg.

15. b) 22 ºC.

16. c) Ortostática.

17. c) 6 y 12 cm de H_2O.

18. c) El agua.

19. c) Intersticial.

20. c) Potasio.

TEST N.º 11

Atención del/de la técnico/a en cuidados auxiliares de enfermería en las necesidades de eliminación: generalidades. Recogida de muestras: tipos, manipulación, características y alteraciones. Sondas, ostomías, enemas: tipos, manipulación y cuidados

1. ¿Qué huesos de la cabeza intervienen en la formación del paladar duro?

a) Palatinos y maxilares.
b) Cigomáticos y maxilares.
c) Cigomáticos y palatinos.
d) Unguis y palatinos.

2. ¿Qué papilas linguales de estas no son gustativas?

a) Caliciformes.
b) Filiformes.
c) Fungiformes.
d) Todas son gustativas.

3. ¿Qué músculo forma el esfínter esofágico superior?

a) El músculo hioideofaríngeo.
b) El músculo tirocricoideo.
c) El músculo cricofaríngeo.
d) Ninguno de los anteriores.

4. ¿Cuál es el conducto de salida de la saliva a la boca de las glándulas parótidas?

a) Conducto de Stenon.
b) Conducto de Warton.
c) Conducto de Rivinus.
d) Conducto de Walter.

5. Sinónimo de ptialismo es:

a) Sialonco.
b) Sialorrea.
c) Sialosquesis.
d) Sialodoquitis.

6. El peso del hígado (en gramos) de un adulto está en torno a los:

a) 950.
b) 1200.
c) 1500.
d) 2500.

7. ¿Cuál es la víscera más voluminosa de nuestro cuerpo?

a) Páncreas.
b) Hígado.
c) Estómago.
d) Tiroides.

8. ¿Cómo se denomina el paso del bolo de faringe a esófago?

a) Tragación.
b) Masticación.
c) Maceración.
d) Deglución.

9. ¿En qué zona del intestino delgado se absorbe más sodio?

a) En el duodeno.
b) En el íleon.
c) En el yeyuno.
d) En el ciego.

10. Las pequeñas hemorragias en un estoma se producen:

a) Por déficit de vitamina K.
b) Por déficit de hierro.
c) Por infecciones recidivantes del estoma y poca higiene local del mismo.
d) Por pequeños traumatismos al limpiar el estoma.

11. ¿Qué tipo de incontinencia urinaria es la más frecuente?

a) Incontinencia de esfuerzo o estrés.
b) Incontinencia de urgencia.

c) Incontinencia neurológica.
d) Incontinencia paradójica.

12. ¿Qué cálculos cálcicos son los más frecuentes en las litiasis renales?

a) Cálculos de cistina.
b) Cálculos de uratos.
c) Cálculos de oxalatos.
d) Cálculos de xantina.

13. ¿Cómo se denomina la segunda fase de una insuficiencia renal aguda?

a) Oligúrica.
b) Anúrica.
c) Diurética.
d) De recuperación.

14. La cantidad de orina que permanece en la vejiga después de evacuar se denomina:

a) Diuresis residual.
b) Orina de almacenamiento vesical.
c) Orina residual.
d) Orina retenida.

15. Las sondas vesicales de lavado continuo son las sondas de:

a) Malecot.
b) Pezzet.
c) Foley.
d) Robinson.

16. Las sondas vesicales a nivel de calibre se numeran de dos en dos, yendo sus valores, las pequeñas desde un valor par menor y las grandes de un valor par mayor, que son de:

a) 4 a 12.
b) 6 a 16.
c) 6 a 24.
d) 12 a 28.

17. Las sondas de Foley son:

a) Blandas.
b) Duras.
c) Rígidas.
d) Semirrígidas.

18. ¿Qué cantidad de agua destilada (en cc) hay que meter en el balón del que va provisto la sonda vesical en su extremo distal, una vez se ha introducido el catéter en la vejiga del varón?

a) 1.
b) 5.
c) 10.
d) 20.

19. ¿Qué mecanismo emplean los riñones para limpiar la sangre de sustancias de desechos?

a) Difusión simple.
b) Precipitación.
c) Reabsorción.
d) Filtración glomerular.

20. El compuesto mayoritario de la orina es:

a) Urea.
b) Creatinina.
c) Oxalatos.
d) Agua.

En MADTEST tienes **más preguntas de este tema**, y todos tus avances quedan registrados y se reflejan en el ranking.

¡Supera tus límites con MADTEST!

Solución al test n.º 11

1. a) Palatinos y maxilares.

2. d) Todas son gustativas.

3. c) El músculo cricofaríngeo.

4. a) Conducto de Stenon.

5. b) Sialorrea.

6. c) 1500.

7. b) Hígado.

8. d) Deglución.

9. c) En el yeyuno.

10. d) Por pequeños traumatismos al limpiar el estoma.

11. a) Incontinencia de esfuerzo o estrés.

12. c) Cálculos de oxalatos.

13. c) Diurética.

14. c) Orina residual.

15. c) Foley.

16. c) 6 a 24.

17. a) Blandas.

18. c) 10.

19. d) Filtración glomerular.

20. d) Agua.

Procedimientos de recogida y conservación para el transporte de muestras biológicas. Gestión de residuos sanitarios: clasificación, transporte, eliminación y tratamiento

1. ¿Qué tipo de envase se emplea para recoger la muestra resultante de una punción capilar?

a) Frascos de boca estrecha.
b) Hisopos.
c) Frascos de llenado por vacío.
d) Microtubos.

2. ¿Qué procedimiento de toma de muestra se emplea más habitualmente cuando estas se llevan a cabo tanto en orificios naturales como en heridas?

a) Mediante frasco de boca ancha.
b) Mediante hisopo.
c) Mediante bolsa de recogida de orina o análogo.
d) Mediante frasco de boca estrecha.

3. ¿Qué medio evita la desecación y muerte de los microorganismos recogidos con un hisopo estéril?

a) El medio de Schwann.
b) El medio de Petri.
c) El medio de Stuart.
d) El medio de Lindor.

4. ¿Qué se puede hacer para evitar una excesiva proliferación bacteriana en una toma de muestra y que así no se altere sustancialmente su resultado analítico?

a) Realizarla con premura, ya que no admite demora.
b) Refrigerando la muestra en los casos necesarios.
c) No se suele hacer nada en particular.
d) Son ciertas las respuestas a) y b).

5. ¿Qué se debe identificar y comprobar antes de los procedimientos de toma de muestra?

a) Usuario al que se le van a realizar los procedimientos.
b) Impresos y protocolos de petición analítica.
c) Requerimientos y preparación previa del paciente.
d) Todo lo anterior.

6. En la fase preanalítica de la muestra de sangre, se da hemodilución si coexiste:

a) Hipovolemia y oligosistemia.
b) Hipovolemia e hipersistemia.
c) Hipervolemia y oligosistemia.
d) Hipervolemia e hipersistemia.

7. Generalmente un hemocultivo se acompaña de:

a) Urocultivo.
b) Coprocultivo.
c) Antibiograma.
d) Todo lo anterior.

8 ¿Qué aditivos poseen las muestras biológicas sanguíneas en las que el tubo posee tapón azul?

a) Gel.
b) Citrato de sodio.
c) Oxalato potásico.
d) ACD.

9. El personal que realiza la técnica de extracción de sangre venosa es:

a) El facultativo.
b) El hematólogo.
c) El diplomado de enfermería.
d) El auxiliar de enfermería.

10. ¿Qué anticoagulante se emplea más habitualmente en los útiles y frascos empleados para las tomas de muestras sanguíneas, esencialmente empleadas en gasometría arterial?

a) Heparina.
b) Penicilina
c) Metotrexate.
d) Clorhídrico.

11. ¿A qué puede deberse la presencia de una orina de coloración negra o marrón oscura en una muestra?

a) A sangre oculta.
b) A metahemoglobina o melanina o enfermo alcaptonúrico.
c) A carboxihemoglobina o melatonina o enfermo de patología de Harnup.
d) A oxihemoglobina o melatonina.

12. ¿Cómo se denomina el estudio microbiológico de heces mediante cultivo?

a) Hemocultivo.
b) Urocultivo.
c) Coprocultivo.
d) Cultivo de Hiss.

13. ¿Qué no debe tomarse o comer durante días previos a un estudio de sangre oculta en heces para realizar adecuadamente el procedimiento de toma de muestra de la misma?

a) Aspirina.
b) Alimentos picantes.
c) Tomates y rábanos.
d) No debe tomarse nada de lo anterior.

14. Respecto a la toma de muestra de esputos todo lo que se expone es cierto, excepto que:

a) Se puede evitar la contaminación de la muestra recomendando al enfermo que se lave la boca con solución salina o agua templada antes de proceder a la recogida.
b) Se puede evitar la contaminación de la muestra tomando antiséptico justo antes de la toma de muestra.
c) La toma de muestra posee gran facilidad de contaminación por la flora orofaríngea.
d) Si es difícil conseguir que el enfermo expectore, se le puede ayudar colocándole en la posición más adecuada para el drenaje.

15. ¿Qué forma es la más correcta de obtener la muestra en heridas con exudados y pus, para su posterior estudio?

a) Mediante gasas hipoalérgicas.
b) Mediante parches adhesivos.
c) Mediante aspirado con aguja y jeringa.
d) Mediante escopia cutánea.

16. ¿En qué circunstancias la presión del LCR estará disminuida?

a) Infarto cerebral.
b) Tumor o quiste intracraneal.
c) Deshidratación.
d) Hematoma subdural.

17. ¿Qué procedimiento se llevará a cabo en la toma de muestra de secreciones de senos paranasales?

a) Mediante hisopo.
b) Mediante torunda.
c) Mediante punción del seno.
d) Mediante aspirado transtraqueal.

18. Ante la sospecha en piel de infección por hongo, la toma de muestra se efectuará mediante:

a) Aspiración.
b) Uso de hisopo.
c) Raspado con bisturí o lanceta.
d) Uso de torunda húmeda.

19. Si es por lesión del lecho ungueal para la muestra de uña se utilizará:

a) Frasco de boca ancha.
b) Hisopo.
c) Frasco de boca mediana.
d) Frasco de boca estrecha.

20. ¿Cómo se toma la muestra en cabello ante la sospecha de micosis?

a) Arrancado de varios pelos con pinzas y guardado en recipiente estéril.
b) Uso de hisopo.
c) Raspado con bisturí o lanceta.
d) Uso de torunda húmeda.

En MADTEST tienes **más preguntas de este tema**, y todos tus avances quedan registrados y se reflejan en el ranking.

¡Supera tus límites con MADTEST!

Solución al test n.º 12

1. d) Microtubos.

2. b) Mediante hisopo.

3. c) El medio de Stuart.

4. d) Son ciertas las respuestas a) y b).

5. d) Todo lo anterior.

6. c) Hipervolemia y oligosistemia.

7. c) Antibiograma.

8. b) Citrato de sodio.

9. c) El diplomado de enfermería.

10. a) Heparina.

11. b) A metahemoglobina o melanina o enfermo alcaptonúrico.

12. c) Coprocultivo.

13. d) No debe tomarse nada de lo anterior.

14. b) Se puede evitar la contaminación de la muestra tomando antiséptico justo antes de la toma de muestra.

15. c) Mediante aspirado con aguja y jeringa.

16. c) Deshidratación.

17. c) Mediante punción del seno.

18. c) Raspado con bisturí o lanceta.

19. b) Hisopo.

20. a) Arrancado de varios pelos con pinzas y guardado en recipiente estéril.

TEST N.º 13

Los alimentos: clasificación, higiene y manipulación. Alimentación del/de la lactante. Dietas terapéuticas: concepto y tipos. Vías de alimentación enteral y parenteral: concepto. Administración de alimentos por sonda nasogástrica

1. ¿A qué se denomina la forma y manera de proporcionar al organismo los alimentos que le son indispensables?

a) Nutrición.
b) Alimentación.
c) Metabolismo.
d) Asimilación.

2. ¿Cómo se denominan los alimentos que están destinados fundamentalmente a la formación y renovación de los tejidos humanos, tanto en la fase de construcción o crecimiento como en la renovación de tejidos en los adultos?

a) Energéticos.
b) Vitamínicos.
c) Plásticos.
d) Reguladores.

3. ¿Qué alimentos son aquellos cuya composición principal son las proteínas y el calcio?

a) Alimentos reguladores.
b) Alimentos biocatalizadores.
c) Alimentos energéticos.
d) Alimentos plásticos.

4. Las frutas pertenecen en la nueva rueda de alimentos al grupo:

a) VI.
b) V.
c) IV.
d) III.

5. La base de la pirámide de alimentación saludable está compuesta de:

a) Recomendaciones de estilos de vida saludable (equilibrio emocional, actividad física diaria, ingesta adecuada de agua…).
b) Tomar alimentos de la dieta mediterránea.
c) Alimentos de consumo opcional y moderado.
d) Alimentos de consumo variado y diario.

6. La ingesta adecuada de agua diaria está en torno a los:

a) 1,5 litros.
b) 2 litros.
c) 2,5 litros.
d) 3,5 litros.

7. La regla de las tres erres, también conocida como 3R se aplican a la alimentación:

a) Variable.
b) Opcional.
c) Sostenible.
d) Saludable.

8. ¿Quién pone directamente en marcha y desarrolla la estrategia NAOS?

a) La Sociedad Española de Nutrición Comunitaria (SENC).
b) La Agencia Española de Seguridad Alimentaria y Nutrición (AESAN).
c) La Secretaría de Estado de Consejos dietéticos, mediante el programa EDALNU del Ministerio de Sanidad.
d) El Ministerio de Innovación, Desarrollo e Industria.

9. ¿Qué carne de estas consideras con más grasa?

a) La carne de cordero.
b) La carne de ternera.
c) La carne de conejo.
d) La carne de caballo.

10. ¿Cuál es la unidad de energía tradicionalmente empleada en nutrición y que sigue usándose con carácter generalizado?

a) El julio (J).
b) La Caloría grande (Cal).
c) El grado centígrado (ºC).
d) El ergio (erg).

11. Empleando la fórmula de Harris y Benedict del metabolismo basal diremos que un varón de 35 kg de peso, 1,40 m de talla y 11 años de edad, será aproximadamente de:

a) 700.
b) 850.
c) 1100.
d) 2100.

12. ¿Qué factor se estos es el que más influye en la multiplicación de microorganismos?

a) Las calorías de los alimentos.
b) La temperatura del medio.
c) La presión atmosférica.
d) La presencia o no de otros gérmenes.

13. ¿Qué agentes bióticos de los siguientes son mas productores de toxiinfecciones alimentarias?

a) Hongos.
b) Bacterias.
c) Protozoos.
d) Parásitos.

14. ¿Cuál es la fuente más importante de contaminación de intoxicaciones químicas de origen alimentario de forma directa sobre frutas y verduras que ingerimos, o indirecta tras la ingesta de lo anterior de animales?

a) El estiércol de origen animal.
b) Los mercuriales.
c) Los insecticidas.
d) El riego con agua contaminada.

15. ¿Qué aminoácido es esencial?

a) Prolina.
b) Cisteína.
c) Triptófano.
d) Alanina.

16. ¿Qué principios inmediatos son sustancias energéticas?

a) Grasas.
b) Grasas y proteínas.
c) Azúcares y proteínas.
d) Grasas y azúcares.

17. ¿Cuál de estos nutrientes se considera micronutriente (imprescindibles en pequeñas cantidades)?

a) Vitaminas.
b) Azúcares.
c) Proteínas.
d) Grasas.

18. El retinol es un constituyente de la vitamina:

a) Vitamina A.
b) Vitamina B$_2$.
c) Vitamina C.
d) Vitamina D.

19. ¿Con qué término se corresponde esta definición: «la técnica y el arte de utilizar los alimentos de la forma adecuada, partiendo del conocimiento profundo del organismo humano y de los alimentos, para proponer y promover formas de alimentación, variada, suficiente y equilibrada»?

a) Dietoterapia.
b) Nutrición.
c) Bromatología.
d) Dietética.

20. Un IMC (índice de Masa Corporal) de 27, según Garrow, estaría en el grado de obesidad:

a) No obesidad.
b) Leve.
c) Moderada.
d) Grave.

En MADTEST tienes **más preguntas de este tema,** y todos tus avances quedan registrados y se reflejan en el ranking.

¡Supera tus límites con MADTEST!

Solución al test n.º 13

1. b) Alimentación.

2. c) Plásticos.

3. d) Alimentos plásticos.

4. a) VI.

5. a) Recomendaciones de estilos de vida saludable (equilibrio emocional, actividad física diaria, ingesta adecuada de agua…).

6. c) 2,5 litros.

7. c) Sostenible.

8. b) La Agencia Española de Seguridad Alimentaria y Nutrición (AESAN).

9. a) La carne de cordero.

10. b) La Caloría grande (Cal).

11. c) 1100.

12. b) La temperatura del medio.

13. b) Bacterias.

14. c) Los insecticidas.

15. c) Triptófano.

16. d) Grasas y azúcares.

17. a) Vitaminas.

18. a) Vitamina A.

19. d) Dietética.

20. b) Leve.

Vías de administración de los medicamentos: oral, rectal y tópica. Precauciones para su administración. Condiciones de almacenamiento y conservación. Caducidad. Atención del/de la técnico/a en cuidados auxiliares de enfermería al/a la paciente con oxigenoterapia: métodos de administración de oxígeno y precauciones

1. Toda sustancia empleada en la fabricación de un medicamento, ya permanezca inalterada, se modifique o desaparezca en el transcurso del proceso, se llama:

a) Excipiente.
b) Coadyuvante.
c) Materia prima.
d) Principio activo.

2. ¿Cómo se denomina todo medicamento que tenga la misma composición cualitativa y cuantitativa en principios activos y la misma forma farmacéutica, y cuya bioequivalencia con el medicamento de referencia haya sido demostrada por estudios adecuados de biodisponibilidad?

a) Medicamento especial.
b) Medicamento magistral.
c) Medicamento de investigación.
d) Medicamento genérico.

3. ¿Cómo se consideran las «premezclas para piensos medicamentosos» elaboradas para ser incorporadas a un pienso?

a) Medicamentos de uso humano.
b) Medicamentos de uso veterinario.
c) Medicamentos de terapia génica.
d) Medicamentos de origen humano.

4. La farmacodinamia estudia:

a) Los efectos de los fármacos en el organismo.

b) La aplicación de los fármacos en el ser humano con la finalidad de curar o de alterar voluntariamente una función normal.

c) Las reacciones adversas y las enfermedades producidas por los medicamentos.

d) La evolución de un fármaco en el organismo tras su administración por distintas vías, identificando los metabolitos y las modalidades de eliminación.

5. Cuando digo aspirina me estoy refiriendo a:

a) La marca registrada (nombre comercial).
b) Nombre científico.
c) Nombre químico.
d) Nombre genérico.

6. ¿Qué mecanismo de acción de fármacos serán aquellos en los que no intervienen estructuras biológicas especializadas (receptores)?

a) Estocástico.
b) No específico.
c) Específico.
d) Variable.

7. ¿Qué órgano se encarga de la eliminación de los metabolitos?

a) Esófago.
b) Estómago.
c) Hígado.
d) Páncreas.

8. El paso del fármaco de la sangre a los tejidos dependerá de su fijación a:

a) Proteínas plasmáticas.
b) Lípidos serológicos.
c) Glúcidos plasmáticos.
d) ATP circulante.

9. El efecto primario pretendido, es decir, la razón por la cual se prescribe el fármaco, con una dosis mínima eficaz es el efecto:

a) Secundario.
b) Lateral.
c) Terapéutico.
d) Adverso.

10. ¿Qué medicamentos de estos son formas farmacéuticas líquidas?

a) Polvos.
b) Sellos.
c) Emulsiones.
d) Geles.

11. Se define bronquitis crónica cuando hipersecreción de moco y la tos productiva crónica recurrente durante un mínimo de:

a) Tres meses al año en dos años consecutivos.
b) Tres meses al año en tres años consecutivos.
c) Dos meses al año en tres años consecutivos.
d) Dos meses al año en dos años consecutivos.

12. ¿A qué se denomina cambios destructivos de las paredes alveolares y agrandamiento de espacios aéreos distales a los bronquios terminales, no respiratorios de forma irreversible?

a) Bronquiectasia.
b) Enfisema.
c) Bronquitis.
d) EPOC.

13. Las bronquitis agudas son más frecuentes en:

a) Niños y ancianos.
b) Mujeres embarazadas y ancianos.
c) Niños y adultos fumadores.
d) Ancianos y adultos no fumadores.

14. ¿Qué disnea es típica del asma bronquial?

a) Disnea paroxística.
b) Disnea espiratoria.
c) Disnea diurna.
d) Disnea de decúbito.

15. ¿Cuál es la causa más frecuente de un neumotórax espontaneo secundario?

a) EPOC.
b) Traumatismo.
c) Cirugía torácica.
d) Catamenial.

16. ¿Cómo se denominan los respiradores que permiten regular solamente la presión de insuflación y exigen una estrecha vigilancia del paciente?

a) Respiradores automáticos.
b) Respiradores de volumen.
c) Respiradores semiautomáticos.
d) Respiradores de presión.

17. ¿Qué intubación endotraqueal es la más empleada en la práctica?

a) Intubación orotraqueal.
b) Intubación nasotraqueal.
c) Intubación con transiluminación.
d) Intubación laringotraqueal.

18. ¿Cómo se denomina aquel trastorno qué aparece en la hipoventilación alveolar y se caracteriza por una $PaCO_2$ elevada y un pH bajo?

a) Acidosis respiratoria.
b) Alcalosis respiratoria.
c) Acidosis metabólica.
d) Alcalosis metabólica.

19. ¿Qué se denomina por fallo del sistema respiratorio en una o en ambas de las funciones de intercambio gaseoso: la oxigenación de la sangre arterial y la eliminación del anhídrido carbónico?

a) Insuficiencia respiratoria.
b) EPOC.
c) Enfisema.
d) Atelectasia.

20. ¿Qué tipo de dispositivo se usa específicamente para suministrar oxígeno humidificado y calentado en pacientes con insuficiencia respiratoria aguda?

a) Concentradores de oxígeno portátiles.
b) Mascarillas de alto flujo.
c) Sistemas de oxígeno transnasal.
d) Dispositivos de conservación de oxígeno.

En MADTEST tienes **más preguntas de este tema**, y todos tus avances quedan registrados y se reflejan en el ranking.

¡Supera tus límites con MADTEST!

Solución al test n.º 14

1. c) Materia prima.

2. d) Medicamento genérico.

3. b) Medicamentos de uso veterinario.

4. a) Los efectos de los fármacos en el organismo.

5. a) La marca registrada (nombre comercial).

6. b) No específico.

7. c) Hígado.

8. a) Proteínas plasmáticas.

9. c) Terapéutico.

10. c) Emulsiones.

11. a) Tres meses al año en dos años consecutivos.

12. b) Enfisema.

13. c) Niños y adultos fumadores.

14. a) Disnea paroxística.

15. a) EPOC.

16. d) Respiradores de presión.

17. a) Intubación orotraqueal.

18. a) Acidosis respiratoria.

19. a) Insuficiencia respiratoria.

20. b) Mascarillas de alto flujo.

Higiene en los centros sanitarios: medidas de prevención de la infección hospitalaria. Normas de seguridad e higiene. Concepto de aislamiento en el hospital: procedimientos de aislamiento y prevención de enfermedades transmisibles

1. ¿Cómo denominamos al tipo de higiene que se encarga de la identificación cualitativa y cuantitativa de los agentes nocivos?

a) Higiene teórica.
b) Higiene analítica.
c) Higiene de campo.
d) Higiene operativa.

2. Entendemos por el accidente que puede ser controlado y dominado de forma sencilla y rápida por el personal y medios de protección del local, dependencia o sector, por:

a) Conato de emergencia.
b) Emergencia parcial.
c) Emergencia general.
d) Siniestro.

3. ¿Cuál de éstas es la infección hospitalaria que más frecuentemente ocasiona mortalidad?

a) Neumonías.
b) Infecciones urinarias.
c) Infecciones de heridas quirúrgicas.
d) Infecciones cutáneas.

4. ¿Cuál de estas patologías causan más muertes a nivel de infecciones hospitalarias?

a) Infecciones quirúrgicas.
b) Infecciones urinarias.
c) Neumonías.
d) Infecciones cutáneo-mucosas.

5. ¿A partir de qué año los estudios EPINE de prevalencia comienzan a ser referidos a las infecciones relacionadas con la asistencia sanitaria (IRAS)?

a) 2017.
b) 2018.
c) 2019.
d) 1020.

6. ¿Qué agente de infección nosocomial de estos está más relacionado con infecciones urinarias?

a) *Streptococus epidermis*.
b) *Lysteria albicans*.
c) *Streptococus mirabilis*.
d) *Enterococos faecalis*.

7. ¿Para el TCAE cuál debe ser la principal medida a llevar a cabo para prevenir la transmisión de infecciones por contacto directo?

a) Uso de mascarilla.
b) Empleo de bata y guantes estériles.
c) Lavado cuidadoso de manos en cada contacto con los pacientes.
d) Uso de mascarilla y papis.

8. ¿Cómo se denominan las heridas quirúrgicas según contaminación existente si son abiertas y recientes (menos de 4 horas), efectuadas en operaciones con alteraciones de la técnica estéril? Cirugía…

a) Limpia.
b) Limpia- contaminada.
c) Contaminada.
d) Sucia.

9. ¿Qué profesionales sanitarios deben tener una parte activa en los programas de control de las infecciones hospitalarias, además de la enfermera responsable?

a) Médicos especialistas en medicina física.
b) Facultativos de medicina interna.
c) Personal hospitalario responsable de la prevención de riesgos laborales.
d) Epidemiólogos con conocimientos sobre la infección nosocomial y las infecciones relacionadas con la asistencia sanitaria (IRAS).

10. ¿Quién debe elaborar una lista limitada de antibióticos y establecer normas respecto a las indicaciones terapéuticas y preventivas? La debe elaborar…

a) El Comité Científico del Hospital.
b) El Servicio de Salud Pública y Medicina Preventiva.

c) El Comité de Infecciones.
d) El Servicio de Microbiología.

11. ¿Cuál de estas medidas de prevención específica de infección urinaria noso-comial es correcta en paciente sin sonda vesical?

a) Nunca se debe valorar a nivel preventivo la edad y sexo del sujeto en la prevención, ya que la incidencia de dichas infecciones no dependen de estos parámetros.
b) La higiene se debe realizar sin agua y con un antiséptico no irritante.
c) La higiene de los genitales se hace siempre en la dirección de genitales a región anal y nunca a la inversa.
d) Se debe instruir al paciente a que aguante el deseo de orinar lo más posible.

12. ¿Cuál es la medida más eficaz para la prevención de las bacteriemias de tipo hospitalario?

a) Uso de gorro, mascarilla y bata.
b) Lavado de manos meticuloso.
c) Cuidadosa elección y mantenimiento de las cánulas arteriales y venosas.
d) Nada de lo anterior es cierto.

13. ¿Qué grado de eficacia de las medidas de prevención de las infecciones noso-comiales es la vigilancia de catéteres intravenosos? Grado…

a) 1.
b) 2.
c) 3.
d) 4.

14. ¿Cómo se denominan las barreras que emplean mecanismos físicos o mecá-nicos que actúan como tal, previniendo la transferencia de contaminantes o fuentes potenciales de contaminación en clínica hospitalaria? Barreras…

a) Medioambientales.
b) Sanitarias.
c) Higiénicas.
d) Prohibidas.

15. ¿Qué barrera higiénica es propiamente química?

a) Uso de mascarilla.
b) Lavado rutinario de manos.
c) Utilización de guantes desechables.
d) Empleo de desinfectantes y antisépticos.

16. ¿Por qué es necesario el uso de guantes estériles en cirugía?

a) Para complementar el lavado de mano, aunque este es ya seguro.
b) Porque el lavado de manos quirúrgico no garantiza la eliminación de los microorganismos.
c) No se emplean guantes estériles en cirugía.
d) En cirugía se emplean guantes desechables no estériles que complementar el lavado de mano.

17. ¿Qué prenda es la primera que hay que ponerse para acceder a un área estéril?

a) Gorros.
b) Guantes.
c) Calzas.
d) Bata.

18. ¿Para cuántas intervenciones quirúrgicas sirve una mascarilla?

a) Exclusivamente para una.
b) Para dos o tres.
c) Para varias, mientras dure su material frente a la esterilización.
d) Para siempre, ya que es esterilizable.

19. ¿A qué se denomina el conjunto de normas que hay que tomar en el hospital para evitar la propagación de las enfermedades infecciosas dentro de las distintas estancias y servicios hospitalarios?

a) Barreras higiénicas.
b) Aislamiento hospitalario.
c) Barreras de protección.
d) Son ciertas las opciones a) y c).

20. ¿Cuándo se realiza en el aislamiento la desinfección final?

a) Antes de la entrada de enfermos en la habitación de planta.
b) Antes de la entrada de personas y útiles en la habitación de planta, sin tener en cuenta al paciente.
c) Durante la estancia del enfermo en la habitación de planta.
d) Tras la marcha del paciente de la habitación de planta.

En MADTEST tienes **más preguntas de este tema**, y todos tus avances quedan registrados y se reflejan en el ranking.

¡Supera tus límites con MADTEST!

Solución al test n.º 15

1. b) Higiene analítica.

2. a) Conato de emergencia.

3. a) Neumonías.

4. c) Neumonías.

5. b) 2018.

6. d) Enterococos faecalis.

7. c) Lavado cuidadoso de manos en cada contacto con los pacientes.

8. c) Contaminada.

9. d) Epidemiólogos con conocimientos sobre la infección nosocomial y las infecciones relacionadas con la asistencia sanitaria (IRAS).

10. c) El Comité de Infecciones.

11. c) La higiene de los genitales se hace siempre en la dirección de genitales a región anal y nunca a la inversa.

12. c) Cuidadosa elección y mantenimiento de las cánulas arteriales y venosas.

13. a) 1.

14. c) Higiénicas.

15. d) Empleo de desinfectantes y antisépticos.

16. b) Porque el lavado de manos quirúrgico no garantiza la eliminación de los microorganismos.

17. c) Calzas.

18. a) Exclusivamente para una.

19. b) Aislamiento hospitalario.

20. d) Tras la marcha del paciente de la habitación de planta.

TEST N.º 16

Concepto: infección, desinfección, asepsia y antisepsia. Desinfectantes y antisépticos: mecanismos de acción de los desinfectantes. Métodos de limpieza y desinfección del material e instrumental sanitario. Cadena epidemiológica de la infección nosocomial. Barreras higiénicas. Consecuencias de las infecciones nosocomiales. Esterilización: concepto. Métodos de esterilización según los tipos de material. Tipos de controles. Manipulación y conservación del material estéril

1. ¿Qué tipo de agentes utiliza más frecuentemente la asepsia para conseguir matar y eliminar los microorganismos?

a) Agentes mecánicos.
b) Agentes físicos.
c) Agentes biológicos.
d) Agentes químicos.

2. El material estéril:

a) No posee ningún tipo de microorganismo patógeno.
b) No posee gérmenes tipo virus, bacterias y hongos.
c) No posee ningún tipo de microorganismo patógeno, ni microorganismo no patógeno, e incluso ni siquiera sus formas de resistencia.
d) No posee ningún tipo de microorganismo patógeno y no patógeno.

3. ¿Qué termino es sinónimo de antisepsia en la práctica?

a) Descontaminación.
b) Desinfección.
c) Esterilización.
d) Desinfestación.

4. ¿Cómo se denomina al conjunto de técnicas destinadas a la eliminación de los artrópodos?

a) Desinsectación.
b) Desinfección.
c) Esterilización.
d) Desinfestación.

5. ¿Qué insecticidas en la práctica se consideran los más importantes?

a) Asfixiantes.
b) Fumigantes.
c) Repelentes.
d) Por contacto.

6. ¿A qué grupo de insecticidas pertenece el famoso DDT?

a) Asfixiantes.
b) Fumigantes.
c) Repelentes.
d) Por contacto.

7. ¿Dónde incluirías a la aguja de Reverdin en la clasificación del instrumental quirúrgico?

a) En instrumental de Hemostasia.
b) En instrumental de sutura.
c) En instrumental de disección.
d) En instrumental de corte.

8. Dentro de la clasificación de bisturíes entra:

a) Tijeras para suturas.
b) Pinzas de Kelly.
c) Las lancetas.
d) Catgut.

9. Las pinzas utilizadas para hemostasia de menor tamaño son:

a) Pean.
b) Kelly.
c) Kocher.
d) Mosquito.

10. El instrumental quirúrgico de síntesis es el instrumental:

a) De talla o campo.
b) De sutura.

c) De hemostasia.
d) De exposición.

11. ¿Mediante qué procedimiento hoy día en los autoclaves modernos se comprueban las condiciones físicas de los aparatos?

a) Mediante impresión de los registros o gráfico directo de los registros de presión, tiempo y temperatura.
b) Mediante sensor térmico.
c) Mediante sensor de presión.
d) Mediante sensor de variables.

12. ¿Cuál de estos métodos de control no corresponde a controles físicos?

a) Los termómetros.
b) Los manómetros.
c) Los tubos testigos.
d) Los medidores de humedad.

13. ¿Dónde se colocan los indicadores colorimétricos como medio de control químico esencialmente térmico que comprueban si la esterilización ha funcionado?

a) Se colocan dentro del paquete a esterilizar y en zonas del interior del autoclave de difícil acceso.
b) Se colocan en el exterior en forma de cinta autoadhesiva y en zonas del interior del autoclave de difícil acceso.
c) Se colocan en el exterior en forma de cinta autoadhesiva y dentro del paquete.
d) Se colocan en el exterior en forma de cinta autoadhesiva, dentro del paquete y en zonas del interior del autoclave de difícil acceso.

14. ¿Qué técnicas de medio de control químico (testigo) se realizan en esterilización?

a) Técnicas azufradas.
b) Técnicas colorimétricas.
c) Técnicas olorimétricas.
d) Las respuestas a) y c) son correctas.

15. ¿De qué depende el período que dura una esterilización?

a) Depende del tipo de control biológico realizado y del tipo de envoltorio empleado.
b) Depende del tipo de envoltorio utilizado y del medio de transporte empleado.
c) Depende del tipo de envoltorio utilizado, de las condiciones de almacenamiento, del tipo de material, y del transporte empleado, entre otros.
d) Depende del tipo de control físico, químico y biológico realizado.

16. ¿Qué se emplea para el transporte del material esterilizado si es voluminoso?

a) Se utilizan grúas especiales.
b) Se utilizan carretillas abiertas.
c) Se utilizan bolsas de plástico cerradas.
d) Se utilizan carros herméticos.

17. El material esterilizado que se vaya a almacenar en las plantas debe ser utilizado en:

a) 6-12 horas.
b) 24-48 horas.
c) 48-72 horas.
d) 72-96 horas.

18. ¿Cuál es el tiempo de caducidad del material esterilizado dentro de las bolsas o papel mixto envasado doble y empleado para autoclaves?

a) De 3 meses.
b) De 6 meses.
c) De 9 meses.
d) De 12 meses.

19. ¿Cuál es el tiempo de caducidad del material esterilizado en las condiciones de triple barrera?

a) 1 mes.
b) 2 meses.
c) 3 meses.
d) 6 meses.

20. ¿Cuál es el tiempo de caducidad del material esterilizado dentro de los contenedores con protección de filtro?

a) 1 mes.
b) 2 meses.
c) 3 meses.
d) 6 meses.

En MADTEST tienes **más preguntas de este tema**, y todos tus avances quedan registrados y se reflejan en el ranking.

¡Supera tus límites con MADTEST!

Solución al test n.º 16

1. b) Agentes físicos.

2. c) No posee ningún tipo de microorganismo patógeno, ni microorganismo no patógeno, e incluso ni siquiera sus formas de resistencia.

3. b) Desinfección.

4. a) Desinsectación.

5. d) Por contacto.

6. d) Por contacto.

7. b) En instrumental de sutura.

8. c) Las lancetas.

9. d) Mosquito.

10. b) De sutura.

11. a) Mediante impresión de los registros o gráfico directo de los registros de presión, tiempo y temperatura.

12. c) Los tubos testigos.

13. d) Se colocan en el exterior en forma de cinta autoadhesiva, dentro del paquete y en zonas del interior del autoclave de difícil acceso.

14. b) Técnicas colorimétricas.

15. c) Depende del tipo de envoltorio utilizado, de las condiciones de almacenamiento, del tipo de material, y del transporte empleado, entre otros.

16. d) Se utilizan carros herméticos.

17. b) 24-48 horas.

18. d) De 12 meses.

19. c) 3 meses.

20. d) 6 meses.

TEST N.º 17

Atención del/de la técnico/a en cuidados auxiliares de enfermería al/a la enfermo/a terminal. Apoyo al/a la cuidador/a principal y familia. Cuidados _post mortem_

1. ¿Qué aspecto de estos es clave que se dé en cuidados paliativos, siempre que sea posible?

a) La atención hospitalaria.
b) La atención en centro de salud habitual.
c) La atención en centro de salud especializado.
d) La atención domiciliaria.

2. Respecto a los cuidados paliativos no es cierto que:

a) Mejoran la calidad de vida de los pacientes y de sus familias.
b) Alivian el dolor y otros síntomas.
c) Aceleran la muerte.
d) Afirman la vida, y consideran la muerte como un proceso normal.

3. ¿Qué pronóstico (en meses) de vida es el promedio general en pacientes terminales?

a) Está limitado a 2 meses (± 1).
b) Está limitado a 3 meses (± 2).
c) Está limitado a 6 meses (± 3).
d) Está limitado a 9 meses (± 3).

4. ¿Qué principio básico, según Beauchamp y Childress, se sintetiza con la expresión latina _primum non nocere_?

a) Justicia.
b) No maleficencia.
c) Autonomía.
d) Beneficencia.

5. ¿En qué tipo de actuaciones se basan los cuidados paliativos?

a) Eutanasia.
b) Eugenesia.
c) Distanasia.
d) Ortotanasia.

6. A toda acción que pretende terminar con la vida del enfermo para acabar con el sufrimiento se le denomina:

a) Eutanasia.
b) Distanasia.
c) Eugenesia.
d) Ortotanasia.

7. ¿Cuál de estos derechos que se nombran a continuación, de las personas adultas en situación terminal, no consideras que sea tal?

a) Derecho a recibir atención médica y soporte personal.
b) Derecho a la autodeterminación y a rechazar un tratamiento.
c) Derecho a participar en la toma de decisiones relativas a las pruebas complementarias, aunque no en el tratamiento.
d) Derecho a ser tratados con la mayor dignidad y a ver su dolor aliviado.

8. Respecto al reposo y al sueño del enfermo terminal es cierto que:

a) Son infrecuentes las irregularidades en el patrón del sueño.
b) No se deben dar hipnóticos para el sueño, aunque se prescriban por el facultativo.
c) Hay que evitar que se sienta solo, y esto lo relaja y disminuye su estrés, favoreciendo que no se den las irregularidades del sueño.
d) La causa del insomnio siempre es psicológica.

9. ¿Qué consejo en la alimentación en cuidados paliativos es incorrecto?

a) No presionar o agobiar al paciente con la comida, intentando adaptarse al "gusto" del paciente.
b) Presentar la comida de forma atractiva (la comida entra por los ojos).
c) Fraccionar la dieta en seis o siete tomas al día (más veces, menos cantidad), evitando alimentos flatulentos, muy condimentados, o/y con olores intensos.
d) Hay que obligar a comer a los pacientes, la falta de comida constituye una ded las causas de empeoramiento.

10. ¿Qué virus es el que más frecuentemente aparece en la boca de los enfermos que están recibiendo quimioterapia?

a) Cándida.
b) Virus de Epstein-Barr.

c) Citomegalovirus.
d) Herpes simple.

11. ¿Qué aspecto no posee el dolor agudo que sí lo posee el dolor crónico?

a) Posee una misión biológica.
b) Mejor vía de administración la analgesia oral/rectal.
c) Posee un comienzo de alivio rápido.
d) El paciente presenta un estado emocional ante el dolor de cansado/ansioso.

12. ¿Qué factor de esto disminuye el dolor?

a) Miedo.
b) Depresión.
c) Vejez.
d) Sueño.

13. ¿Qué dolor de estos no es nociceptivo?

a) El dolor somático, por estimulación de los receptores periféricos.
b) El dolor visceral, por infiltración, compresión o distensión de vísceras.
c) El dolor neuropático, por daño del Sistema Nervioso Central (dolor central) o periférico (desaferentización).
d) Todos son nociceptivos.

14. Todo lo que se expone del fentanilo es cierto, excepto que:

a) Es un opioide sintético.
b) El fentanilo tiene indicaciones diferentes a la morfina en el tratamiento de dolor crónico que no responda al segundo escalón de la OMS.
c) El principal inconveniente del fentanilo-TTS es su mala adherencia en pieles sudorosas o/y febriles.
d) El fentanilo está especialmente indicado en disfagia/odinofagia, cuando existe un escaso cumplimiento de la medicación oral y cuando se dan problemas en el tránsito gastrointestinal (ocasiona menos estreñimiento).

15. ¿Qué causa de la ansiedad se relaciona con las fases de duelo de la doctora Kübler-Ross?

a) Los problemas relacionados con efectos directos de la enfermedad o complicaciones médicas.
b) Las reacciones adaptativas como consecuencia de la aparición de cambios inevitables.
c) Los problemas derivados de la existencia previa de problemas psicológicos.
d) Aquellas derivadas de los efectos secundarios del tratamiento.

16. ¿Qué nivel de sedación presenta un paciente con una respuesta rápida a estímulos dolorosos/presión glabelar, según la escala de Ramsay?

a) Nivel de sedación II.
b) Nivel de sedación III.
c) Nivel de sedación IV.
d) Nivel de sedación V.

17. ¿Cómo se denomina la capacidad para comprender, aceptar y compartir los sentimientos del paciente (incluso de otras personas)?

a) Catarsis.
b) Empatía.
c) Reflexividad.
d) Eustrés.

18. ¿Qué respuestas es incorrecta?

a) Las familias necesitan atención al mismo tiempo que el paciente terminal.
b) Los familiares deben ser partícipes del plan de cuidados del paciente.
c) No es conveniente instruir a los familiares en los cuidados necesarios para el paciente.
d) El médico debe facilitar a la familia la mayor cantidad de información posible sobre el estado del paciente.

19. ¿Cuál de estas etapas de aceptación de la muerte (Kübler-Ross) suele ser cronológicamente la primera?

a) Ira.
b) Negociación.
c) Negación.
d) Aceptación.

20. ¿En qué fase según Spoken está el paciente terminal que aún no conoce el diagnóstico ni el alcance de la enfermedad, pero la familia sí?

a) Fase de despreocupación.
b) Fase de inseguridad.
c) Fase de negación.
d) Fase de comunicación de la verdad.

Solución al test n.º 17

1. d) La atención domiciliaria.

2. c) Aceleran la muerte.

3. c) Está limitado a 6 meses (± 3).

4. b) No maleficencia.

5. d) Ortotanasia.

6. a) Eutanasia.

7. c) Derecho a participar en la toma de decisiones relativas a las pruebas complementarias, aunque no en el tratamiento.

8. c) Hay que evitar que se sienta solo, y esto lo relaja y disminuye su estrés, favoreciendo que no se den las irregularidades del sueño.

9. d) Hay que obligar a comer a los pacientes, la falta de comida constituye una ded las causas de empeoramiento.

10. d) Herpes simple.

11. b) Mejor vía de administración la analgesia oral/rectal.

12. d) Sueño.

13. c) El dolor neuropático, por daño del Sistema Nervioso Central (dolor central) o periférico (desaferentización).

14. b) El fentanilo tiene indicaciones diferentes a la morfina en el tratamiento de dolor crónico que no responda al segundo escalón de la OMS.

15. b) Las reacciones adaptativas como consecuencia de la aparición de cambios inevitables.

16. c) Nivel de sedación IV.

17. b) Empatía.

18. c) No es conveniente instruir a los familiares en los cuidados necesarios para el paciente.

19. c) Negación.

20. a) Fase de despreocupación.

Úlceras por presión: concepto. Proceso de formación, zonas y factores de riesgo. Medidas de prevención

1. ¿Qué es lo más importante de lo que se expone en relación con las úlceras por presión a nivel sanitario?

a) Su tratamiento.
b) Su diagnóstico.
c) Su prevención.
d) Conocer sus causas.

2. ¿En qué personas se dan más úlceras por presión?

a) En personas encamadas.
b) En personas con buena movilidad.
c) En personas bien nutridas.
d) Nada de lo anterior es cierto.

3. ¿Qué causa de estas es neurológica o nerviosa en la génesis de la úlcera por presión?

a) Parálisis.
b) Arteriosclerosis.
c) Alteraciones de la microcirculación.
d) Todo lo anterior es cierto.

4. ¿Cuáles son los planos duros que ejercen presión para que se dé la úlcera por presión?

a) El colchón o asiento sobre el que reposa el enfermo y por otro la superficie ósea del paciente.
b) Las sábanas o colchas empleadas y las manos de los cuidadores.
c) Las manos de los cuidadores y el colchón o asiento sobre el que reposa el enfermo.
d) Las manos de los cuidadores y la superficie ósea del paciente.

5. ¿Qué tipo de enfermo de estos puede tener la consciencia alterada y por ello ser más susceptible a padecer úlceras por presión?

a) Enfermos psiquiátricos sometidos a fuertes dosis de sedantes.
b) Enfermos incontinentes.
c) Enfermos con Síndrome de Cushing.
d) Ninguno de los anteriores.

6. Se padecerá de úlcera por presión cuando haya circunstancias favorables y se dé un apoyo cutáneo que sobrepase como mínimo:

a) Media hora.
b) Una hora.
c) Dos a tres horas.
d) Veinte horas.

7. En posición de sentado, la úlcera por presión aparecerá más frecuentemente en:

a) La tuberosidad isquiática.
b) La tuberosidad púbica.
c) Los acromiones.
d) Los olécranos.

8. ¿Cómo se denominan las úlceras por presión acaecidas por mecanismos de presión y roce derivados del uso de materiales empleados en un tratamiento?

a) Mecánicas.
b) Físicas.
c) Iatrogénicas.
d) Idiopáticas.

9. La aparición de úlcera iatrogénica en muñecas y pies, suele ser por:

a) Agresiones indebidas del sanitario.
b) Sujeciones mecánicas.
c) Autolesiones.
d) No se producen.

10. ¿En qué estadio está una úlcera por presión (según la *Agency for Health Care and Research*) cuando aparece un eritema que no cede al retirar el estímulo de presión en piel intacta?

a) Estadio I.
b) Estadio II.
c) Estadio III.
d) Estadio IV.

11. ¿Cómo se denomina la última fase de formación de la úlcera de presión o forma más evolucionada?

a) Fase final de exitus.
b) Fase escoriativa.
c) Fase eritematosa.
d) Fase necrótica.

12. ¿Qué estadio es la preúlcera según la clasificación del *Grupo Nacional para el Estudio y Asesoramiento sobre las Úlceras por Presión y el Grupo Europeo de Úlceras por Presión*?

a) Estadio 0.
b) Estadio 1.
c) Estadio a.
d) Estadio A.

13. ¿Cuántos parámetros se valoran en la Escala de Norton?

a) 3.
b) 4.
c) 5.
d) 6.

14. Si la incontinencia del paciente es urinaria y fecal, en ese parámetro de la Escala de Norton obtendría una puntuación de:

a) 4.
b) 3.
c) 2.
d) 1.

15. ¿Qué puntuación presentaría un paciente (Escala de Norton) con úlcera por presión que presenta un estado físico general regular, una actividad disminuida, sin incontinencia, y está sentado y confuso?

a) 24.
b) 20.
c) 13.
d) 9.

16. ¿Qué factor o factores de riegos se miden en la Escala de Braden en pacientes con úlceras por presión?

a) Percepción sensorial (capacidad para reaccionar ante una molestia relacionada con la presión).
b) Estado físico.
c) Estado mental.
d) Incontinencia.

17. ¿Cuántos parámetros se valoran en la Escala de Braden?

a) 3.
b) 4.
c) 5.
d) 6.

18. ¿Cuál es la base para la prevención y el tratamiento de las úlceras por presión?

a) Sequedad de la cama y sus útiles.
b) Sequedad de la piel del paciente y adecuada nutrición de la misma.
c) Una planificación de los cuidados de enfermería basada en la continuidad sistemática de los mismos.
d) Son ciertas las respuestas a) y b).

19. ¿Cada cuánto tiempo deben realizarse los cambios de posición en pacientes con riesgos a úlceras por presión?

a) Cada 2-3 horas.
b) Cada 4-6 horas.
c) Cada 6-8 horas.
d) Cada 12 horas.

20. ¿Cuándo no está contraindicado el masaje en la UPP?

a) Nunca está contraindicado, es aconsejable.
b) Siempre está contraindicado, está prohibido ya que la agrava.
c) Cuando no agrava la preúlcera.
d) Si la zona aún no tiene enrojecimiento (eritema).

En MADTEST tienes **más preguntas de este tema**, y todos tus avances quedan registrados y se reflejan en el ranking.

¡Supera tus límites con MADTEST!

Solución al test n.º 18

1. c) Su prevención.

2. a) En personas encamadas.

3. a) Parálisis.

4. a) El colchón o asiento sobre el que reposa el enfermo y por otro la superficie ósea del paciente.

5. a) Enfermos psiquiátricos sometidos a fuertes dosis de sedantes.

6. c) Dos a tres horas.

7. a) La tuberosidad isquiática.

8. c) Iatrogénicas.

9. b) Sujeciones mecánicas.

10. a) Estadio I.

11. d) Fase necrótica.

12. a) Estadio 0.

13. c) 5.

14. d) 1.

15. c) 13.

16. a) Percepción sensorial (capacidad para reaccionar ante una molestia relacionada con la presión).

17. d) 6.

18. c) Una planificación de los cuidados de enfermería basada en la continuidad sistemática de los mismos.

19. a) Cada 2-3 horas.

20. d) Si la zona aún no tiene enrojecimiento (eritema).

TEST N.º 19

Primeros auxilios en situaciones críticas: politraumatizados, quemados, *shock*, intoxicación, heridas, hemorragias, asfixias. Concepto de urgencias y emergencias. Reanimación cardiopulmonar básica. Mantenimiento y reposición del material necesario (carro de parada)

1. Una patología que puede llevar a la muerte y que debe ser atendida en un tiempo inferior a una hora, según la OMS, es:

a) Un accidente.
b) Un siniestro.
c) Una urgencia.
d) Una emergencia.

2. El mayor pico de mortalidad originado en los politraumatizados es:

a) En la primera hora.
b) En las primeras 24 horas.
c) En las semanas posteriores.
d) La mortalidad en los politraumatizados no presenta un pico reconocido.

3. ¿Cuál es el orden en el que se debe realizar una evaluación en un paciente politraumatizado en la valoración secundaria?

a) Primero se debe realizar un examen neurológico, seguido de una exploración en busca de lesiones externas.
b) Primero se debe realizar un examen neurológico, seguido de una exploración de cabeza, cuello, tórax y abdomen.
c) La evaluación debe comenzar por la exploración de la cabeza, para seguir con cuello, abdomen y pelvis, y finalizar con un examen neurológico.
d) La evaluación debe comenzar por la exploración de cabeza, cuello, tórax, abdomen, pelvis, extremidades y finalizar con un examen neurológico.

4. ¿Qué es un traumatismo craneoencefálico?

a) Un impacto violento recibido por un sujeto en las regiones craneal y facial.
b) Un impacto recibido por un sujeto en la región craneal.
c) Una pérdida estructural de una parte del cuerpo.
d) La pérdida del conocimiento por un impacto violento en la región craneal.

5. En la inspección de las pupilas en una valoración neurológica de un paciente con traumatismo craneoencefálico, una relación entre ambas pupilas discóricas quiere decir que:

a) Ambas pupilas son iguales.
b) Las pupilas no reaccionan.
c) Las pupilas son desiguales.
d) Las pupilas tienen forma irregular.

6. Para valorar la extensión de una quemadura se usa:

a) La regla de los 9.
b) La regla de Wallace.
c) La regla de los 10.
d) Las respuestas a) y b) son correctas.

7. ¿Qué es la uremia?

a) Es una pérdida de conciencia debido a una baja cantidad de glucosa en sangre.
b) Es una pérdida de conciencia debido a una alta cantidad de glucosa en sangre.
c) Es una complicación grave de las enfermedades del riñón, que puede provocar un estado de somnolencia capaz de llevar al coma.
d) Es una complicación leve de las enfermedades del riñón, que puede provocar un estado de somnolencia capaz de llevar al coma.

8. Las catecolaminas producen:

a) Vasoconstricción arterial y venosa, desvía el flujo de sangre de órganos no vitales a los vitales.
b) Elevación de frecuencia cardiaca y respiratoria.
c) Elevación de tensión arterial y gasto cardíaco.
d) Todas las respuestas son correctas.

9. Para poder elaborar un diagnóstico definitivo en un paciente intoxicado se debe recabar la máxima información posible. Se intentará conseguir:

a) Nombre del producto y cantidad del producto ingerido.
b) Vía de administración por la que se ha producido la ingesta y posibles mezclas.
c) Tiempo transcurrido desde la administración del producto y antecedentes patológicos previos del individuo.
d) Todas las respuestas son correctas.

10. ¿Cuál de los siguientes es el tratamiento para la intoxicación por paracetamol?

a) El tratamiento es sintomático.

b) El tratamiento indicado es el lavado gástrico incluso pasadas 12 horas, monitorización cardiaca y administración de bicarbonato sódico.

c) El tratamiento específico es la administración de su antídoto, N-acetilcisteína y si la ingesta es reciente están indicados el lavado gástrico y el carbón activado.

d) El tratamiento consiste en el lavado gástrico y carbón gástrico y la administración intravenosa de flumazenil.

11. La cánula de Guedel:

a) Es una cánula orofaríngea.

b) Se utiliza para mantener la vía aérea permeable.

c) Es un tubo de plástico abierto en su interior.

d) Todas las respuestas son ciertas.

12. Es un ritmo desfibrilable:

a) TVSP.

b) Asistolia.

c) Sinusal.

d) Bloqueo completo.

13. Si está indicada la descarga con el desfibrilador deberemos estar seguros de que:

a) El ritmo es desfibrilable.

b) El nivel de julios es el correcto.

c) Nadie toca al paciente.

d) El DESA tiene baterías.

14. ¿Cuándo se suspende la RCP básica?

a) Cuando la valoración nos indica que el paciente presenta una PCR.

b) Cuando el paciente necesita una descarga eléctrica.

c) Cuando el reanimador está exhausto.

d) Todas las respuestas son ciertas.

15. En los niños las técnicas de RCP se inician con:

a) 30 compresiones.

b) 2 ventilaciones.

c) 5 ventilaciones.

d) 15 compresiones.

16. La secuencia ideal entre compresiones y ventilaciones en los niños es de:

a) 30/2.
b) 15/2.
c) 30/1.
d) 15/5.

17. La realización de la RCP en niños debe hacerse con el niño:

a) En PLS.
b) En decúbito prono sobre una superficie dura.
c) En decúbito supino sobre una superficie dura.
d) En la posición en la que nos encontramos al paciente evitando la movilización.

18. El área de compresión en los lactantes:

a) Es en la línea intermamilar, sobre el esternón.
b) Es en el mismo lugar que en los adultos.
c) Es con 3 dedos sobre la apófisis xifoides.
d) Es justo bajo la apófisis xifoides.

19. No se considera material para la apertura de la vía aérea:

a) Pinzas de Magill.
b) Guía de tubo.
c) Tubos orofaríngeos.
d) Tabla de RCP.

20. El sulfato de magnesio es:

a) Una catecolamina.
b) Un anticolinérgico.
c) Un antiarritmico.
d) Un depresor del SNC.

En MADTEST tienes **más preguntas de este tema**, y todos tus avances quedan registrados y se reflejan en el ranking.

¡Supera tus límites con MADTEST!

Solución al test n.º 19

1. d) Una emergencia.

2. a) En la primera hora.

3. d) La evaluación debe comenzar por la exploración de cabeza, cuello, tórax, abdomen, pelvis, extremidades y finalizar con un examen neurológico.

4. a) Un impacto violento recibido por un sujeto en las regiones craneal y facial.

5. d) Las pupilas tienen forma irregular.

6. d) Las respuestas a) y b) son correctas.

7. c) Es una complicación grave de las enfermedades del riñón, que puede provocar un estado de somnolencia capaz de llevar al coma.

8. d) Todas las respuestas son correctas.

9. d) Todas las respuestas son correctas.

10. c) El tratamiento específico es la administración de su antídoto, N-acetilcisteína y si la ingesta es reciente están indicados el lavado gástrico y el carbón activado.

11. d) Todas las respuestas son ciertas.

12. a) TVSP.

13. c) Nadie toca al paciente.

14. c) Cuando el reanimador está exhausto.

15. c) 5 ventilaciones.

16. b) 15/2.

17. c) En decúbito supino sobre una superficie dura.

18. a) Es en la línea intermamilar, sobre el esternón.

19. d) Tabla de RCP.

20. c) Un antiarritmico.

Atención del/de la técnico/a en cuidados auxiliares de enfermería al/a la enfermo/a con problemas de salud mental. Atención del/de la técnico/a en cuidados auxiliares de enfermería al/a la enfermo/a con problemas de toxicomanías (alcoholismo y drogodependencias). Técnicas de inmovilización

1. La definición de la OMS de salud mental dice que es el resultado de la presencia de aspectos, necesarios para alcanzar un estado de completo bienestar de tipo:

a) Psicológico, afectivo y ambiental sobre la salud.
b) Psicológico, afectivo y social sobre la salud.
c) Afectivo, social y ambiental sobre la salud.
d) Físico, psicológico y social sobre la salud.

2. ¿Qué aspectos multifactoriales se recogen en un mismo individuo?

a) Aspectos físicos, psíquicos, religiosos, culturales y ambientales.
b) Aspectos físicos, psíquicos, socioeconómicos y ambientales.
c) Aspectos físicos, sociales, éticos, psíquicos y ambientales.
d) Aspectos físicos, psíquicos, sociales, culturales y ambientales.

3. ¿Qué concepto implica que el hecho de la existencia de una relación de afecto, emoción o sentimiento de la persona vaya a tener repercusiones somáticas positivas o negativas, tales como cefaleas, náuseas, diarreas, etc.?

a) El concepto de dinamismo.
b) El concepto de interacción.
c) El concepto de normalidad.
d) El concepto de aversión.

4. ¿Qué número de edición es la vigente del *Manual diagnóstico y estadístico de los trastornos mentales de la Asociación Estadounidense de Psiquiatría* (DSM)? La edición:

a) Segunda.
b) Tercera.

c) Cuarta.
d) Quinta.

5. ¿Cuántas categorías de trastornos mentales incluye la actual clasificación de trastornos mentales de la Asociación Estadounidense de Psiquiatría DSM?

a) 18.
b) 22.
c) 30.
d) 35.

6. ¿Qué clasificación de trastornos mentales recomienda la OMS que se use?

a) DSM- V.
b) CIE- 10.
c) DMS- III.
d) ASLO- V.

7. La ansiedad es un trastorno de tipo:

a) Psicótico.
b) Neurótico.
c) Sociopático.
d) Psicopático, asociado a toxicomanías.

8. ¿Qué característica presenta el nivel de ansiedad donde el individuo presenta una atención selectiva y un campo perceptivo disminuido?

a) Nivel de ansiedad leve.
b) Nivel de ansiedad moderado.
c) Nivel de ansiedad severo.
d) Ausencia.

9. El miedo irracional a los espacios abiertos se denomina:

a) Claustrofobia.
b) Dismorfobia.
c) Agorafobia.
d) Eritrofobia.

10. ¿Qué se denomina como contenidos o actividades psíquicas que se imponen en un individuo a pesar suyo?

a) Neurosis.
b) Fobia.

c) Obsesión.
d) Ilusión.

11. ¿Qué clínica caracteriza una vez que se inicia el síndrome de abstinencia a nicotina?

a) Alteraciones del sueño: insomnio y sueño no reparador.
b) Intranquilidad, excitación, nerviosismo y deseo de fumar.
c) Irritabilidad, agresividad, depresión y humor inestable.
d) Se produce todo lo anterior.

12. Según el modelo transteórico de las etapas del cambio de Prochaska y Diclemente, cuando una persona es consciente de que el hábito tabáquico es nocivo para su salud y piensa en dejarlo, pero aún no se ha comprometido, diremos que se encuentra en fase:

a) Precontemplativa.
b) Contemplativa.
c) Preparatoria.
d) De acción.

13. ¿Cómo se denomina la situación, como principio básico, que se da en un bebedor ocasional, pero consume grandes cantidades de alcohol sin llegar a la intoxicación cada vez que bebe, análogo al término consumo perjudicial?

a) Hábito.
b) Dependencia.
c) Uso.
d) Abuso.

14. ¿Cuántos gramos de etanol consumirá un bebedor si se ha tomado tres cervezas de 25 cc con una graduación alcohólica de 3 grados?

a) 18 g.
b) 1,8 g.
c) 3 g.
d) 0,9 g.

15. Dado que el alcohol inhibe la actividad del cerebelo, las personas que beben mucho alcohol pueden presentar:

a) Ataxia.
b) Afasia.
c) Anosognosia.
d) Hiperalgesia.

16. ¿Con qué dependencia está muy relacionado el síndrome de Wernicke-Korsakoff?

a) Con el consumo excesivo de alcohol.
b) Con el consumo excesivo de tabaco.
c) Con el consumo excesivo de heroína.
d) Con el consumo excesivo de benzodiacepinas.

17. ¿En qué grupo incluirías a las benzodiacepinas según efectos sobre el sistema nervioso?

a) Depresores.
b) Estimuladores.
c) Psicodislépticos o perturbadores del SNC.
d) Alucinógenos.

18. ¿Qué sustancia se emplea por vía IV para la intoxicación aguda de opiáceos por ser antagonista específico?

a) Rohipnol.
b) Metadona.
c) Naloxona.
d) Cannabis.

19. ¿Qué sustancia es el LSD?

a) Cocaína.
b) Heroína.
c) Ácido lisérgico.
d) Anfetamina.

20. El tratamiento de la dependencia de cannabis es fundamentalmente:

a) Metadona.
b) Haloperidol.
c) Betabloqueantes.
d) Psicológico.

En MADTEST tienes **más preguntas de este tema**, y todos tus avances quedan registrados y se reflejan en el ranking.

¡Supera tus límites con MADTEST!

Solución al test n.º 20

1. b) Psicológico, afectivo y social sobre la salud.

2. b) Aspectos físicos, psíquicos, socioeconómicos y ambientales.

3. b) El concepto de interacción.

4. d) Quinta.

5. b) 22.

6. b) CIE- 10.

7. b) Neurótico.

8. b) Nivel de ansiedad moderado.

9. c) Agorafobia.

10. c) Obsesión.

11. d) Se produce todo lo anterior.

12. b) Contemplativa.

13. d) Abuso.

14. b) 1,8 g.

15. a) Ataxia.

16. a) Con el consumo excesivo de alcohol.

17. a) Depresores.

18. c) Naloxona.

19. c) Ácido lisérgico.

20. d) Psicológico.

**Atención y cuidados en la persona anciana.
Concepto de ancianidad, cambios físicos asociados al
envejecimiento. Apoyo a la promoción de la salud y educación
sanitaria. Medidas de apoyo a la persona cuidadora
del/de la anciano/a dependiente.
Atención al/a la paciente con demencia**

1. ¿Cuántos años aproximadamente más se incrementa la esperanza de vida en España al llegar una persona a la edad de 65 años?

a) Se incrementa aproximadamente 4 años.
b) Se incrementa aproximadamente 8 años.
c) Se incrementa aproximadamente 18 años.
d) Se incrementa aproximadamente 25 años.

2. ¿Qué factor de los que hay que tener en cuenta por el incremento de gerontes en la población es el que se traduce por un aumento de la frecuencia absoluta de enfermedades en el anciano?

a) Factor social.
b) Factor económico.
c) Factor terapéutico.
d) Factor epidemiológico.

3. La vejez propiamente dicha se denomina también:

a) Madurez precoz.
b) Decrepitud.
c) Madurez tardía.
d) Caquexia senil.

4. ¿Qué edad expresa la capacidad de mantener los roles personales y la integración social del individuo en la comunidad, para lo que se precisa conservar razonables cotas de capacidades físicas?

a) Edad cronológica.
b) Edad biológica.
c) Edad psicológica.
d) Edad funcional.

5. ¿Cómo se denomina la relación que se produce al dividir a la población ≥ de 65 años entre la población de los menores de 0 a 14 años?

a) Tasa juvenil.
b) Coeficiente de juventud.
c) Índice o coeficiente de renovación.
d) Índice de reposición.

6. ¿Qué dispositivo de carácter social o de apoyo a la convivencia consideras una institución cerrada?

a) Asilos.
b) Clubes de ancianos (hogar del pensionista).
c) Ayuda a domicilio.
d) Centros de día.

7. ¿Cuál de los dispositivos de carácter sanitario a nivel geriátrico es de segundo nivel?

a) Centros de salud.
b) Hospital de día geriátrico.
c) Hospital de cuidados continuados.
d) Ninguno de los anteriores.

8. ¿Qué circunstancias de las que se nombran son más acordes con el anciano frágil?

a) Posee una edad generalmente superior a los 65 años, con alteraciones funcionales, al límite entre lo "normal" y "patológico", en equilibrio inestable y con adaptación de los trabajos funcionales a sus posibilidades reales de rendimiento.
b) Es una persona de edad (mayor), que sufre alguna enfermedad (aguda o crónica) pero no cumple ningún otro requisito de los citados anteriormente.
c) Posee una edad generalmente superior a los 80 años, que sufre una o varias enfermedades que le producen algún riesgo de incapacidad, o una cierta incapacidad leve, que sigue tratamiento farmacológico (uno o varios medicamentos), que vive en la comunidad, generalmente solo o en compañía de otra persona mayor, que ha sufrido un cambio reciente de domicilio, o que ha estado hospitalizado en los últimos doce meses, que precisa atención profesional domiciliaria y cuyos recursos socioeconómicos son limitados.
d) Sufre problemas mentales y/o sociales en relación con su estado de salud y que requiere institucionalización.

9. ¿Qué modificaciones de la piel del anciano es incorrecta?

a) Se va volviendo descolorida.
b) Aumenta en ella el grosor de los vasos sanguíneos.
c) Se vuelve más húmeda y con ello sudorosa y menos frágil.
d) Todo lo anterior es correcto.

10. ¿Qué sentidos de estos disminuyen fisiológicamente con la ancianidad?

a) Vista.
b) Gusto.
c) Olfato.
d) Todos los anteriores.

11. ¿Qué signo o síntoma del anciano es aquel que se muestra con el cuidador en forma de agresiones verbales?

a) De miedo.
b) De aislamiento.
c) De hostilidad.
d) De deterioro cognitivo.

12. ¿Qué se define como el proceso diagnóstico, estructurado, dinámico, multidimensional e interprofesional que nos permite identificar las capacidades del mayor, los problemas y las necesidades en los ámbitos clínico, funcional, mental y socioambiental de la persona mayor?

a) La valoración geriátrica integral.
b) La valoración estructurada por Necesidades Básicas.
c) La valoración estructurada por Patrones Funcionales de Salud.
d) La valoración estructurada por Patrones Anatómicos de Salud.

13. ¿Qué objetivo no es correcto de la valoración geriátrica integral?

a) Evitar que se produzca la institucionalización del anciano.
b) Asignar los servicios, ayudas técnicas y sobre todo incorporar al paciente a los programas que más se ajustan a sus necesidades.
c) Conocer los recursos del paciente y su entorno social, familiar y ambiental.
d) Evitar dando privilegios fomentando una ubicación adecuada en caso de institucionalización del anciano.

14. Si en la Escala de Barthel, que mide las ABVD, el paciente obtiene 70 puntos, indica que es:

a) Independiente.
b) Dependiente leve.
c) Dependiente moderado.
d) Dependiente grave.

15. ¿Cuántos puntos máximo posee la Escala de Tinetti, en su primera parte dedicada al equilibrio?

a) 6.
b) 12.
c) 16.
d) 28.

16. ¿Cuántos ítems posee el Índice de Barthel?

a) 5.
b) 10.
c) 15.
d) 20.

17. ¿Qué valoración, dentro de la valoración geriátrica integral, va dirigida a identificar y evaluar alteraciones en la capacidad de realizar funciones intelectuales, de forma que nos aporte información de interés respecto a su capacidad para desarrollar sus actividades cotidianas, incluido el trabajo, así como su capacidad de autocuidado?

a) Valoración clínica.
b) Valoración funcional.
c) Valoración cognitiva.
d) Valoración social.

18. ¿Cuál es la puntuación que nos marca el punto de corte ante una depresión moderada en el test de Hamilton (Rating Scale para Depresión de Hamilton)?

a) Puntuación de 18.
b) Puntuación de 12.
c) Puntuación de 8.
d) Puntuación de 4.

19. ¿Cuántos ítems posee la Escala Social de Gijón?

a) 3.
b) 4.
c) 5.
d) 6.

20. ¿Cada cuánto tiempo el anciano debe hidratar las uñas y su cutícula para mantenerlas blandas y evitar que se rompan?

a) Cada día.
b) Cada tres días.
c) Cada semana.
d) Cada mes.

En MADTEST tienes **más preguntas de este tema**, y todos tus avances quedan registrados y se reflejan en el ranking.

¡Supera tus límites con MADTEST!

Solución al test n.º 21

1. c) Se incrementa aproximadamente 18 años.

2. d) Factor epidemiológico.

3. c) Madurez tardía.

4. d) Edad funcional.

5. c) Índice o coeficiente de renovación.

6. a) Asilos.

7. b) Hospital de día geriátrico.

8. c) Posee una edad generalmente superior a los 80 años, que sufre una o varias enfermedades que le producen algún riesgo de incapacidad, o una cierta incapacidad leve, que sigue tratamiento farmacológico (uno o varios medicamentos), que vive en la comunidad, generalmente solo o en compañía de otra persona mayor, que ha sufrido un cambio reciente de domicilio, o que ha estado hospitalizado en los últimos doce meses, que precisa atención profesional domiciliaria y cuyos recursos socioeconómicos son limitados.

9. c) Se vuelve más húmeda y con ello sudorosa y menos frágil.

10. d) Todos los anteriores.

11. c) De hostilidad.

12. a) La valoración geriátrica integral.

13. d) Evitar dando privilegios fomentando una ubicación adecuada en caso de institucionalización del anciano.

14. b) Dependiente leve.

15. c) 16.

16. b) 10.

17. c) Valoración cognitiva.

18. a) Puntuación de 18.

19. c) 5.

20. a) Cada día.

TEST N.º 22

Aplicación local de frío y calor: indicaciones. Efectos sobre el organismo. Procedimientos y precauciones

1. ¿Qué especialidad de la medicina aprovecha los efectos terapéuticos del frío y del calor aplicándolos en las superficies corporales?

a) Fisioterapia.
b) Medicina química.
c) Medicina eléctrica.
d) Electroterapia.

2. El empleo de electricidad como medio físico y terapéutico se denomina:

a) Medicina física.
b) Medicina eléctrica.
c) Electroterapia.
d) Son ciertas las respuestas b) y c).

3. ¿Cómo se denomina la aplicación de frío como medio terapéutico de fisioterapia?

a) Hidroterapia.
b) Helioterapia.
c) Crioterapia.
d) Termoterapia.

4. ¿Sobre qué parte corporal posee mayores repercusiones los efectos del calor en termoterapia?

a) Sobre la piel.
b) Sobre los dientes.
c) Sobre el sistema óseo.
d) Sobre el aparato respiratorio.

5. ¿Sobre qué sistema o aparato no actúa el calor con un efecto terapéutico general?

a) Sobre el aparato cardiocirculatorio.
b) Sobre el sistema nervioso.
c) Sobre el aparato digestivo.
d) Actúa sobre todos los anteriores.

6. ¿Qué técnica se emplea en crioterapia al aplicar sobre la superficie un agente a una temperatura inferior?

a) Radiación.
b) Conversión.
c) Conducción.
d) Convección.

7. La aplicación local de frío no tiene como efecto:

a) Palidez y frío sobre la piel.
b) El antitérmico.
c) El inflamatorio.
d) El antihemorrágico.

8. La manta eléctrica es una forma de aplicación de:

a) Calor seco.
b) Calor húmedo.
c) Frío seco.
d) Frío húmedo.

9. ¿Qué técnicas de estas no se emplea para aplicar calor seco?

a) Bolsa de agua caliente.
b) Compresas calientes.
c) Manta eléctrica y almohadilla eléctrica.
d) Lámpara de calor.

10. ¿En qué circunstancias hay que tomar medidas especiales de precaución cuando se aplica calor o frío localmente?

a) Cuando se aplica a niños/as.
b) Cuando se aplica a ancianos/as.
c) Cuando se aplica a pacientes inconscientes.
d) Cuando se aplica en todos los casos anteriores.

11. ¿En qué circunstancias de estas puede estar contraindicada la termoterapia?

a) En espasmos musculares.
b) En la menstruación con dismenorrea.
c) En grandes hematomas o hemorragias si son recientes.
d) En presencia de molestias gastrointestinales.

12. ¿Qué tiempo de aplicación debe emplearse en congestiones de la cabeza y cansancios de pies, si se da crioterapia?

a) Un cuarto de hora.
b) Diez minutos.
c) 4 a 5 minutos.
d) 30 a 60 segundos.

13. ¿En qué circunstancia de estas se contraindica la crioterapia?

a) Hemorroides.
b) Artrosis.
c) Enfermedad de Raynaud.
d) Dismenorrea.

14. ¿Qué es falso del uso de la manta eléctrica y almohadilla eléctrica empleadas en termoterapia?

a) La diferencia entre ambas es que la manta tiene mayor superficie que la almohadilla.
b) Ambas llevan en su interior una resistencia eléctrica.
c) Son variantes de aplicación de calor húmedo.
d) No se emplean en crioterapia.

15. ¿Cuál es el tiempo de aplicación normalmente de calor mediante lámpara de infrarrojos?

a) 1 a 3 minutos.
b) 10 a 20 minutos.
c) 21 a 27 minutos.
d) 30 minutos.

16. ¿Por qué medio se transmite el calor mediante la aplicación de ceras o baños de parafina?

a) Por conducción.
b) Por convección.
c) Por radiación.
d) Por conversión.

17. ¿Qué técnica no se aplica en el modo de transferencia de calor de los empleados en termoterapia por conversión?

a) Mediante radiación de microondas.
b) Mediante ultrasonidos.
c) Mediante onda corta.
d) Mediante compresas.

18. El mejor beneficio se logra manteniendo la bolsa de hielo sobre el lugar indicado en crioterapia durante:

a) Unos 30 minutos, para después descansar durante una hora y volver a realizar la aplicación.
b) Unos 30 minutos, para después descansar durante media hora y volver a realizar la aplicación.
c) Unos 20 minutos, para después descansar durante una hora y volver a realizar la aplicación.
d) Unos 20 minutos, para después descansar durante media hora y volver a realizar la aplicación.

19. ¿Para qué zonas corporales se emplean los remojos fríos?

a) Cabeza y cara.
b) Tórax y espalda.
c) Manos, brazos, pies, piernas y región perineal.
d) Abdomen y zona lumbar.

20. ¿Qué término se emplea para aquellas aplicaciones de placas calientes compuestas de barro y parafina en una zona concreta del cuerpo?

a) Peloides.
b) Pseudoparafinas.
c) Termóforos.
d) Parafangos.

Solución al test n.º 22

1. a) Fisioterapia.

2. c) Electroterapia.

3. c) Crioterapia.

4. a) Sobre la piel.

5. d) Actúa sobre todos los anteriores.

6. c) Conducción.

7. c) El inflamatorio.

8. a) Calor seco.

9. b) Compresas calientes.

10. d) Cuando se aplica en todos los casos anteriores.

11. c) En grandes hematomas o hemorragias si son recientes.

12. d) 30 a 60 segundos.

13. c) Enfermedad de Raynaud.

14. c) Son variantes de aplicación de calor húmedo.

15. b) 10 a 20 minutos.

16. a) Por conducción.

17. d) Mediante compresas.

18. a) Unos 30 minutos, para después descansar durante una hora y volver a realizar la aplicación.

19. c) Manos, brazos, pies, piernas y región perineal.

20. d) Parafangos.

TEST TEMA ADICIONAL

Perspectiva de género. Salud y género. Morbilidad diferenciada. Violencia de género: prevención, detección y actuación por parte de los/las profesionales del Servicio Gallego de Salud

1. La perspectiva de género en salud implica:

a) Reconocer únicamente diferencias biológicas entre mujeres y hombres.
b) Analizar cómo los roles y desigualdades sociales influyen en la salud.
c) Tratar de igual manera a todos los pacientes, sin diferenciar sexo ni género.
d) Centrarse en patologías propias de la mujer.

2. El enfoque androcéntrico en medicina significa:

a) Que la investigación se centra en ambos sexos por igual.
b) Que el varón adulto es tomado como modelo de referencia.
c) Que se priorizan las enfermedades crónicas de la mujer.
d) Que se excluyen los determinantes sociales de la salud.

3. La Ley Orgánica 3/2007 establece:

a) La igualdad salarial en todos los sectores.
b) La creación del protocolo sanitario contra violencia de género.
c) El derecho a la interrupción voluntaria del embarazo.
d) La transversalidad de género en las políticas públicas, incluida la sanidad.

4. Según la OMS, las desigualdades de género son:

a) Factores exclusivamente culturales.
b) Consecuencias inevitables del sexo biológico.
c) Determinantes sociales clave de la salud.
d) Variables sin impacto en políticas públicas.

5. La transversalidad de género significa:

a) Integrar la perspectiva de género en todas las políticas y programas.
b) Aplicarla solo en áreas de igualdad y violencia de género.
c) Implementar programas específicos para mujeres.
d) Coordinar sectores como justicia y empleo.

6. La intersectorialidad busca:

a) Incorporar la igualdad únicamente en el sistema sanitario.
b) Coordinar diferentes sectores para dar respuestas globales.
c) Limitar la intervención a sanidad y educación.
d) Sustituir la transversalidad de género.

7. Una consecuencia del sesgo androcéntrico es:

a) Diagnóstico temprano de enfermedades cardiovasculares en mujeres.
b) Invisibilización de patologías prevalentes en mujeres.
c) Incremento de la mortalidad masculina por causas externas.
d) Mayor prevalencia de cáncer en hombres.

8. La Ley Orgánica 1/2004 reconoce la violencia de género como:

a) Una vulneración de derechos humanos y un problema de salud pública.
b) Un problema social pero no sanitario.
c) Un fenómeno exclusivamente judicial.
d) Un delito menor en relaciones de pareja.

9. El WAST-Versión corta se aplica a:

a) Mujeres de 15 o más años en consultas sanitarias.
b) Solo a mujeres embarazadas en seguimiento prenatal.
c) Únicamente en urgencias hospitalarias.
d) Personas de ambos sexos en atención primaria.

10. Si el WAST es negativo, se recomienda:

a) Repetir cribado a los 2 años salvo nuevos indicadores.
b) Derivar a servicios sociales de inmediato.
c) Aplicar el cuestionario AAS.
d) Notificar obligatoriamente a la policía.

11. Si el WAST es positivo, la actuación siguiente es:

a) Registrar únicamente en historia clínica.
b) Aplicar el cuestionario AAS.

c) Realizar parte de lesiones automático.
d) Repetir el WAST en 6 meses.

12. El cuestionario AAS se utiliza para:

a) Confirmar sospechas de violencia de género.
b) Evaluar la satisfacción marital.
c) Medir depresión en mujeres.
d) Identificar riesgos cardiovasculares.

13. La prevención primaria en violencia de género busca:

a) Evitar nuevas agresiones en víctimas.
b) Impedir que ocurra violencia mediante educación y sensibilización.
c) Detectar precozmente casos ocultos.
d) Activar órdenes judiciales de protección.

14. La prevención secundaria se centra en:

a) Programas educativos en adolescentes.
b) Derivar a la policía en caso de sospecha.
c) Reducir secuelas de agresiones pasadas.
d) Identificar precozmente víctimas mediante cribado.

15. El objetivo de la prevención terciaria es:

a) Impedir que la violencia ocurra.
b) Evitar la recurrencia y reducir secuelas en víctimas ya afectadas.
c) Detectar signos clínicos de sospecha.
d) Promocionar la igualdad en la población general.

16. El parte de lesiones es importante porque:

a) Es opcional en la atención sanitaria.
b) Sustituye la denuncia judicial.
c) Constituye la prueba documental decisoria.
d) Solo incluye las lesiones físicas.

17. Una señal clínica que puede indicar violencia de género es:

a) Resfriados de repetición.
b) Lesiones en zonas poco visibles y explicaciones incongruentes.
c) Hipertensión en edades tempranas.
d) Aumento de colesterol.

18. El protocolo PDA del SERGAS significa:

a) Pregunta, Detecta y Analiza.
b) Prevención, Derivación y Atención.
c) Proteger, Documentar y Acompañar.
d) Promover, Difundir y Asesorar.

19. Una característica de la violencia psicológica es:

a) Golpes y empujones.
b) Humillaciones, amenazas y aislamiento.
c) Restricción económica.
d) Difusión de imágenes íntimas.

20. La violencia económica se manifiesta como:

a) Uso de armas para intimidar.
b) Amenazas verbales constantes.
c) Aislamiento social.
d) Apropiarse del salario o impedir trabajar a la víctima.

En MADTEST tienes **más preguntas de este tema**, y todos tus avances quedan registrados y se reflejan en el ranking.

¡Supera tus límites con MADTEST!

Solución al test adicional

1. b) Analizar cómo los roles y desigualdades sociales influyen en la salud.

2. b) Que el varón adulto es tomado como modelo de referencia.

3. d) La transversalidad de género en las políticas públicas, incluida la sanidad.

4. c) Determinantes sociales clave de la salud.

5. a) Integrar la perspectiva de género en todas las políticas y programas.

6. b) Coordinar diferentes sectores para dar respuestas globales.

7. b) Invisibilización de patologías prevalentes en mujeres.

8. a) Una vulneración de derechos humanos y un problema de salud pública.

9. a) Mujeres de 15 o más años en consultas sanitarias.

10. a) Repetir cribado a los 2 años salvo nuevos indicadores.

11. b) Aplicar el cuestionario AAS.

12. a) Confirmar sospechas de violencia de género.

13. b) Impedir que ocurra violencia mediante educación y sensibilización.

14. d) Identificar precozmente víctimas mediante cribado.

15. b) Evitar la recurrencia y reducir secuelas en víctimas ya afectadas.

16. c) Constituye la prueba documental decisoria.

17. b) Lesiones en zonas poco visibles y explicaciones incongruentes.

18. a) Pregunta, Detecta y Analiza.

19. b) Humillaciones, amenazas y aislamiento.

20. d) Apropiarse del salario o impedir trabajar a la víctima.

SUPUESTO PRÁCTICO

Antonio García, es un hombre de 62 años que ingresa en las urgencias de un hospital presentando un cuadro de parada cardiaca y respiratoria. Entre sus antecedentes personales destacan:

- *Fumador habitual de 60 cigarrillos/día.*
- *Bebedor habitual.*
- *Angina de pecho hace 15 meses.*
- *Hipercolesterolemia.*
- *Hipertensión arterial.*
- *Hiperuricemia.*

1. Rápidamente la enfermera se dispone a realizar al paciente la reanimación cardiopulmonar y el TCAE colabora con ella. Una de sus funciones es:

a) Cargar y administrar la medicación necesaria.
b) Verificar la parada cardiorrespiratoria.
c) Fijar el tubo endotraqueal.
d) Programar el respirador automático.

2. Antes de comenzar a realizar la reanimación cardiopulmonar se pregunta al familiar sobre el tiempo que lleva el paciente en parada cardiorrespiratoria. ¿Cuándo comienza a deteriorarse el cerebro humano en una PCR?

a) A partir de los 2 minutos de iniciarse la PCR.
b) A partir de los 4 minutos de iniciarse la PCR.
c) A partir de los 6 minutos de iniciarse la PCR.
d) A partir de los 8 minutos de iniciarse la PCR.

3. ¿Cuál es el ritmo de insuflación en la respiración artificial a un adulto?

a) 8-10 insuflaciones/minuto.
b) 12-14 insuflaciones/minuto.
c) 16-18 insuflaciones/minuto.
d) 25-30 insuflaciones/minuto.

4. La enfermera comprueba que las vías aéreas del paciente no son permeables debido a la obstrucción de las mismas por un cuerpo extraño y pide al TCAE las pinzas adecuadas para su extracción. ¿Qué tipo de pinzas debe facilitarle el TCAE?

a) Pinzas de Kocher.
b) Pinzas de Kelly.
c) Pinzas de Jones.
d) Pinzas de Magill.

5. Una vez reanimado el paciente, la enfermera pide al TCAE que coloque al enfermo en posición de recuperación (seguridad) y ésta se dispone a ponerlo:

a) En posición de decúbito prono.
b) En posición de Trendelenburg.
c) En posición de decúbito supino.
d) En posición de decúbito lateral izquierdo.

6. Finalmente, el TCAE comprueba el estado del carro de parada reponiendo la medicación utilizada. ¿Con qué periodicidad debe revisar el carro de paradas si no se utiliza?

a) Nunca, solo cuando se halla utilizado.
b) Al entrar y al salir del turno.
c) Diariamente.
d) Lo revisa el departamento de farmacia del hospital.

7. ¿Qué significa el término RCP-B?

a) Es el intento de restaurar circulación eficaz usando compresiones torácicas externas e insuflación de los pulmones con aire espirado.
b) Es la realización de maniobras invasivas para restablecer la ventilación y circulación efectivas.
c) Es el reconocimiento de la situación, la alerta a los servicios de emergencia, la intervención precoz o los programas de difusión de estos conocimientos.
d) Son las compresiones torácicas realizadas por un reanimador o mediante dispositivos mecánicos.

8. ¿Con qué siglas definimos a las compresiones torácicas realizadas por un reanimador o mediante dispositivos mecánicos para intentar restablecer la circulación espontánea?

a) RCP-B.
b) RCP-A.
c) MCE.
d) Soporte Vital.

9. ¿Cómo denominamos a los desfibriladores semiautomáticos que analizan el ritmo en el electrocardiograma de superficie del paciente, para detectar fibrilación ventricular o taquicardia ventricular rápida?

a) DESA.
b) RECE.
c) REVE.
d) DEA.

10. El cese de la actividad mecánica cardíaca, confirmado por la ausencia de pulso detectable, inconsciencia y apnea (o respiración agónica, entrecortada) se denomina:

a) Parada cardiaca.
b) Parada respiratoria.
c) Ictus.
d) AVC.

11. ¿Cuál de los siguientes términos no constituye un eslabón de la Cadena de Supervivencia?

a) RCP básica.
b) Desfibrilación precoz.
c) Activación precoz de los servicios de emergencia.
d) Puñopercusión.

12. ¿Cuáles son las causas más frecuentes de la parada cardiorrespiratoria?

a) Fibrilación auricular y taquicardia auricular sin pulso.
b) Fibrilación ventricular y taquicardia auricular sin pulso.
c) Fibrilación auricular y taquicardia ventricular sin pulso.
d) Fibrilación ventricular y taquicardia ventricular sin pulso.

13. La apertura de la vía aérea en pacientes donde exista riesgo de posibles lesiones en la columna cervical requiere de una maniobra denominada:

a) Frente-Mentón.
b) Tracción o elevación mandibular.
c) Suspensión maleolar.
d) Retracción del Mentón.

14. ¿Con que otro nombre se conoce a la posición lateral de seguridad?

a) Posición estándar.
b) Posición de Morestin.
c) Posición de recuperación.
d) Posición de Fowler.

15. ¿Con que otro nombre se conoce a la respiración agónica?

a) Biot.
b) Gasping.
c) Algor mortis.
d) Kussmaul.

16. Si existen 2 reanimadores en la aplicación del soporte vital básico en el adulto, ¿cuál es la secuencia que emplearemos?

a) 15 compresiones/4 ventilaciones.
b) 30 compresiones/4 ventilaciones.
c) 45 compresiones/2 ventilaciones.
d) 30 compresiones/2 ventilaciones.

17. Si estamos ante un paciente que presenta una OVACE (obstrucción de la vía aérea por cuerpo extraño) parcial y hemos practicado 5 golpes interescapulares y no hemos resuelto la situación realizaremos la Maniobra de:

a) Heimlich.
b) Tredelenburg.
c) Frente-Mentón.
d) Tracción o elevación mandibular.

18. ¿Cuál es la cánula orofaríngea más utilizada en un hospital?

a) De Williams.
b) Guedel.
c) ROTIGS (Rapid Orotracheal Intubation Guidance System).
d) De Berman.

19. Si existen 2 reanimadores en la aplicación del soporte vital básico en pediatría, ¿cuál es la secuencia que emplearemos?

a) 15 compresiones/2 ventilaciones.
b) 30 compresiones/4 ventilaciones.
c) 45 compresiones/2 ventilaciones.
d) 30 compresiones/2 ventilaciones.

20. La droga de elección si el paciente comienza a convulsionar será:

a) Adrenalina.
b) Adenosina.
c) Diazepam.
d) Cloruro cálcico.

21. Ante una arritmia ventricular de origen isquémico se administra:

a) Diazepan.
b) Lidocaína al 5%.
c) Naloxona.
d) Adrenalina.

22. De los siguientes fármacos que contiene el carro de parada, ¿cuál debe permanecer en la nevera?

a) Flumazenilo.
b) Midazolam.
c) Salbutamol.
d) Suxametonio.

23. Ante una arritmia del tipo de las bradicardias sinusales utilizaremos:

a) Atropina.
b) Adrenalina.
c) Naloxona.
d) Sulfato de magnesio.

24. ¿Qué nombre recibe el resultado de la presión que la sangre ejerce al circular, en el interior de las arterias, y la resistencia que la pared arterial ejerce sobre la sangre circulante?

a) Tensión arterial.
b) Pulso.
c) Frecuencia cardiaca.
d) Presión Venosa Central.

25. Si Antonio presenta unos valores de 170/100 mmHg cuando se le toma la Tensión arterial decimos que es:

a) Alta.
b) Baja.
c) Normal.
d) Entre baja y normal.

26. Existen dos valores a registrar de la Tensión arterial, como se denominaría el valor máximo:

a) Presión sistólica.
b) Presión estertorosa.
c) Presión venosa.
d) Presión diastólica.

27. Existen dos valores a registrar de la Tensión arterial, como se denominaría el valor mínimo:

a) Presión sistólica.
b) Presión estertorosa.

c) Presión venosa.
d) Presión diastólica.

28. El esfigmomanómetro o tensiómetro se basa en la técnica auscultatoria de:

a) Mayeroff.
b) Korotkoff.
c) Pavlov.
d) Cheynes-Stoke.

29. Una notable disminución de tensión arterial al pasar de la posición de decúbito supino a la bipedestación, provocando malestar, mareo e incluso síncope recibe el nombre de:

a) Hipotensión estática.
b) Hipotensión postural.
c) Hipotensión ortoestática.
d) b y c son correctas.

30. ¿Cuál de los siguientes instrumentos no es necesario para la toma de la tensión arterial?

a) Silla.
b) Fonesdoscopio.
c) Esfigmomanómetro.
d) Reloj con segundero.

Durante su estancia en la UCI Antonio presenta episodios de estreñimiento, alternando con diarreas. El médico responsable le prescribe varias pruebas.

31. La enfermera de turno de mañana indica al TCAE que hay que recoger a dicho paciente una muestra para un coprocultivo. ¿A qué se está refiriendo?

a) A una muestra de saliva.
b) A una muestra de orina estéril.
c) A una muestra de heces.
d) Ninguna es cierta.

32. ¿Cuál es el contenedor de elección para recoger una muestra para coprocultivo?

a) Un frasco estéril.
b) Un vaso de plástico limpio y seco
c) Un frasco especial de laboratorio bioquímico.
d) Un frasco estéril con cucharilla.

33. La enfermera indica al TCAE que hay que vigilar las deposiciones del enfermo, ¿qué debe observar?

a) El número de deposiciones diarias y la cantidad.
b) El color y la composición de las heces.
c) La consistencia de las heces.
d) Todas son ciertas.

34. La enfermera informa al TCAE de que a Antonio se le va a colocar una sonda rectal, ¿en qué posición deberá colocarlo?

a) En posición de semi-Fowler.
b) En posición de Fowler.
c) En posición de Sims izquierda.
d) En posición de Fowler elevada.

35. Ante la indicación de la enfermera de que al enfermo hay que administrarle un enema de limpieza, ¿qué es lo primero que hará el TCAE?

a) Purgar el aire del sistema irrigador y pinzarlo.
b) Controlar la velocidad de entrada del enema al paciente mientras se le explica el procedimiento al enfermo.
c) Explicar al enfermo el procedimiento y colocarlo en la posición adecuada.
d) Aplicar lubricante en el extremo distal de la sonda.

36. La toma de muestra para la detección de oxiuros, también denominada prueba del panel adhesivo, se realiza:

a) A primera hora de la mañana antes del aseo de la zona anal.
b) A cualquier hora de la tarde.
c) A última hora del día después de ir al lavabo.
d) Tras la ingesta de alimentos dulces.

37. Si se va a realizar un análisis parasitológico de protozoos y hay demora en el envío de la muestra al laboratorio, ¿qué debe hacerse para conservarla correctamente?

a) Mantenerla a temperatura ambiente, protegida de la luz.
b) Mantenerla refrigerada a 4 °C y enviarla lo antes posible.
c) Colocarla en una estufa a 37 °C para conservar la viabilidad.
d) Añadir alcohol al 70 % para evitar la descomposición.

38. En un estudio parasitológico de heces hay que tomar al menos:

a) Cuatro muestras en días distintos.
b) Cuatro muestras el mismo día.
c) Tres muestras en días distintos.
d) Con una muestra es suficiente.

39. Otra de las mediciones que tiene prescrita Antonio es la medición de la presión existente en la vena cava, ¿cómo se llama esta determinación?

a) Presión venosa central.
b) Presión venosa media.
c) Presión arterial sistólica.
d) Presión arterial diastólica.

40. ¿Cual serian los valores normales de esta presión en la vena cava?

a) 0 y 4 cm de H_2O.
b) 3 y 8 cm de H_2O.
c) 6 y 12 cm de H_2O.
d) 14 y 16 cm de H_2O.

41. ¿Cual serian los valores normales de esta presión en la aurícula derecha?

a) 0 y 4 cm de H_2O.
b) 3 y 8 cm de H_2O.
c) 6 y 12 cm de H_2O.
d) 14 y 16 cm de H_2O.

42. ¿Cómo se denomina el aislamiento que sienten los pacientes al no tener familiares a su la do de manera permanente en áreas como la UCI?

a) Interno.
b) Intensivo.
c) Psicosocial.
d) Inverso.

43. Le enseñan su habitación y la que va a hacer su cama. Esta es una cama con somier metálico que se divide en tres segmentos móviles, encargados cada uno de ellos de alojar diferentes zonas corporales. ¿Cómo se llama este tipo de cama?

a) Cama libro.
b) Cama de Foster.
c) Cama de Striker.
d) Cama articulada.

44. Al pasar el médico le comenta que ha sufrido un infarto de miocardio y que debe seguir unas pautas para mejorar su estado circulatorio. Le recomiendan una dieta baja en grasas, ¿cómo se denomina esta dieta?

a) I lipoproteica.
b) Hiposódica.

c) Hipolipídica.
d) Hipoglucémica.

45. ¿Cuál de las siguientes sería una dieta acorde para un enfermo con infarto de miocardio como Antonio?

a) Hipercalórica.
b) Hiposódica.
c) Hiperglucémica.
d) Hiperlipídica.

46. Una dieta astringente es:

a) Hipocalórica.
b) Hipercalórica.
c) Pobre en colesterol.
d) Pobre en residuos.

47. Las proteínas las aportan los siguientes alimentos:

a) Carne, pescado, huevos, legumbres, leche y derivados lácteos, cereales y frutos secos.
b) Manteca de cerdo, pasta, aceite, azúcar.
c) Aceites vegetales y pastas.
d) Refrescos, manteca de cerdo, aceite.

48. De los siguientes alimentos, ¿cuáles son fundamentalmente energéticos?

a) Las frutas.
b) Los tubérculos.
c) Los huevos.
d) Las carnes.

49. De los siguientes alimentos, ¿cuáles son fundamentalmente reguladores?

a) Las verduras.
b) Los cereales.
c) La leche.
d) Los azúcares.

50. ¿En qué tipo de dietas se reducen los hidratos de carbono?

a) En la dieta pobre en colesterol.
b) En la hiposódica.
c) En la hipoglucémica.
d) En la hipoproteica.

Preguntas de reserva

1. Durante una reanimación cardiopulmonar, la profundidad adecuada de las compresiones torácicas en un adulto debe ser de:

a) 2-3 cm.
b) 4-5 cm.
c) 5-6 cm.
d) 6-8 cm.

2. En el control de la tensión arterial, si el manguito del esfigmomanómetro es demasiado pequeño para el brazo del paciente, el valor obtenido será:

a) Falsamente alto.
b) Falsamente bajo.
c) Exacto, sin alteraciones.
d) Invariable, depende del pulso.

3. En el contexto de soporte vital básico, la relación compresión-ventilación recomendada para un lactante con un solo reanimador es:

a) 15 compresiones / 2 ventilaciones.
b) 30 compresiones / 2 ventilaciones.
c) 20 compresiones / 2 ventilaciones.
d) 10 compresiones / 1 ventilación.

En tu Curso MAD360 tienes más **supuestos prácticos** y todos tus avances quedan registrados.

¡MAD360, todo lo que necesitas para conseguir tu plaza!

Solución al supuesto práctico

1. c) Fijar el tubo endotraqueal.

2. b) A partir de los 4 minutos de iniciarse la PCR.

3. a) 8-10 insuflaciones/minuto.

4. d) Pinzas de Magill.

5. d) En posición de decúbito lateral izquierdo.

6. c) Diariamente.

7. a) Es el intento de restaurar circulación eficaz usando compresiones torácicas externas e insuflación de los pulmones con aire espirado.

8. c) MCE.

9. a) DESA.

10. a) Parada cardiaca.

11. d) Puñopercusión.

12. d) Fibrilación ventricular y taquicardia ventricular sin pulso.

13. b) Tracción o elevación mandibular.

14. c) Posición de recuperación.

15. b) Gasping.

16. d) 30 compresiones/2 ventilaciones.

17. a) Heimlich.

18. b) Guedel.

19. a) 15 compresiones/2 ventilaciones.

20. c) Diazepam.

21. b) Lidocaína al 5 %.

22. d) Suxametonio.

23. a) Atropina.

24. a) Tensión arterial.

25. a) Alta.

26. a) Presión sistólica.

27. d) Presión diastólica.

28. b) Korotkoff.

29. d) b y c son correctas.

30. a) Silla.

31. c) A una muestra de heces.

32. d) Un frasco estéril con cucharilla.

33. d) Todas son ciertas.

34. c) En posición de Sims izquierda.

35. c) Explicar al enfermo el procedimiento y colocarlo en la posición adecuada.

36. a) A primera hora de la mañana antes del aseo de la zona anal.

37. b) Mantenerla refrigerada a 4 °C y enviarla lo antes posible.

38. c) Tres muestras en días distintos.

39. a) Presión venosa central.

40 b) 3 y 8 cm de H2O.

41. a) 0 y 4 cm de H2O.

42. c) Psicosocial.

43. d) Cama articulada.

44. c) Hipolipídica.

45. b) Hiposódica.

46. d) Pobre en residuos.

47. a) Carne, pescado, huevos, legumbres, leche y derivados lácteos, cereales y frutos secos.

48. b) Los tubérculos.

49. a) Las verduras.

50. c) En la hipoglucémica.

Solución a las preguntas de reserva

1. c) 5-6 cm.

2. a) Falsamente alto.

3. b) 30 compresiones / 2 ventilaciones.